O dever e seus impasses

O dever e seus impasses
Vladimir Safatle

FILOSOFIAS: O PRAZER DO PENSAR
Coleção dirigida por
Marilena Chaui e Juvenal Savian Filho

wmf **martinsfontes**
São Paulo 2013

*Copyright © 2013, Editora WMF Martins Fontes Ltda.,
São Paulo, para a presente edição.*

1ª edição 2013

Edição de texto
Juvenal Savian Filho
Acompanhamento editorial
Helena Guimarães Bittencourt
Revisões gráficas
Letícia Braun
Ornella Miguellone Martins
Edição de arte
Katia Harumi Terasaka
Produção gráfica
Geraldo Alves
Paginação
Moacir Katsumi Matsusaki

**Dados Internacionais de Catalogação na Publicação (CIP)
(Câmara Brasileira do Livro, SP, Brasil)**

Safatle, Vladimir
  O dever e seus impasses / Vladimir Safatle. – São Paulo : Editora WMF Martins Fontes, 2013. – (Filosofias : o prazer do pensar / dirigida por Marilena Chaui e Juvenal Savian Filho)

  ISBN 978-85-7827-694-2

  1. Consciência 2. Dever 3. Filosofia moral I. Chaui, Marilena. II. Savian Filho, Juvenal. III. Título. IV. Série.

13-05102   CDD-170

Índices para catálogo sistemático:
1. Dever : Filosofia   170

Todos os direitos desta edição reservados à
Editora WMF Martins Fontes Ltda.
*Rua Prof. Laerte Ramos de Carvalho, 133 01325.030 São Paulo SP Brasil
Tel. (11) 3293.8150 Fax (11) 3101.1042
e-mail: info@wmfmartinsfontes.com.br http://www.wmfmartinsfontes.com.br*

SUMÁRIO

Apresentação • 7
Introdução • 9

1 Uma anatomia do dever • 19
2 A forma da equivocidade • 50
3 Insegurança ontológica • 74
4 Uma conclusão em suspenso • 86

Ouvindo os textos • 93
Exercitando a reflexão • 103
Dicas de viagem • 105
Leituras recomendadas • 107

APRESENTAÇÃO
Marilena Chaui e Juvenal Savian Filho

O exercício do pensamento é algo muito prazeroso, e é com essa convicção que convidamos você a viajar conosco pelas reflexões de cada um dos volumes da coleção *Filosofias: o prazer do pensar*.

Atualmente, fala-se sempre que os exercícios físicos dão muito prazer. Quando o corpo está bem treinado, ele não apenas se sente bem com os exercícios, mas tem necessidade de continuar a repeti-los sempre. Nossa experiência é a mesma com o pensamento: uma vez habituados a refletir, nossa mente tem prazer em exercitar-se e quer expandir-se sempre mais. E com a vantagem de que o pensamento não é apenas uma atividade mental, mas envolve também o corpo. É o ser humano inteiro que reflete e tem o prazer do pensamento!

Essa é a experiência que desejamos partilhar com nossos leitores. Cada um dos volumes desta coleção foi concebido para auxiliá-lo a exercitar o seu pensar. Os temas foram cuidadosamente selecionados para abordar os tópicos mais importantes da reflexão filosófica atual, sempre conectados com a história do pensamento.

Assim, a coleção destina-se tanto àqueles que desejam iniciar-se nos caminhos das diferentes filosofias como àqueles que já estão habituados a eles e querem continuar o exercício da reflexão. E falamos de "filosofias", no plural, pois não há apenas uma forma de pensamento. Pelo contrário, há um caleidoscópio de cores filosóficas muito diferentes e intensas.

Ao mesmo tempo, esses volumes são também um material rico para o uso de professores e estudantes de Filosofia, pois estão inteiramente de acordo com as orientações curriculares do Ministério da Educação para o Ensino Médio e com as expectativas dos cursos básicos de Filosofia para as faculdades brasileiras. Os autores são especialistas reconhecidos em suas áreas, criativos e perspicazes, inteiramente preparados para os objetivos dessa viagem pelo país multifacetado das filosofias.

Seja bem-vindo e boa viagem!

INTRODUÇÃO

> – É desnecessário anunciar para ele sua sentença.
> Ele já a experimenta em sua carne.
> Kafka, *Na colônia penal*

O dever é, dentro da tradição moderna, uma das noções centrais mobilizadas para a avaliação de ações que se queiram morais. Ele representa *a consciência de uma norma a partir da qual ações particulares devem ser avaliadas*, ou ainda a consciência de que as ações só podem ser consideradas morais quando reportadas a uma norma de avaliação. Essa é uma maneira de dizer que agir levando em conta o dever implica aceitar que minhas ações e intenções são avaliadas a partir de uma normatividade que lhes é exterior.

Mas agir a partir de normas que permitem procedimentos de avaliação não é exclusividade dos seres humanos. Todo organismo age operando escolhas a partir de normatividades capazes de definir valores. No entanto, apenas os seres humanos conheceriam deveres. Isso se explica por haver um modelo específico de funcionamento da norma, próprio à maneira moderna de definir o que é o dever.

Primeiramente, na filosofia moral moderna, o dever é indissociável de uma divisão. Apoiando-se no dever, posso tomar distância de minhas próprias ações, descrevendo-as como se estivesse diante de um objeto na terceira pessoa. Posso operar uma divisão subjetiva na qual sou uma espécie de juiz de mim mesmo, dividindo-me entre uma consciência que julga e uma consciência que é julgada. Essa é uma maneira de lembrar que perpetuar a reflexão moral sob a forma do dever implica admitir a necessidade funcional de uma divisão psicológica sempre atual. Divisão que, por sua vez, se apoia no uso extensivo de vocabulário jurídico, como nos mostra a metáfora da consciência moral como um tribunal.

Mas a partir de quais valores opera essa consciência que julga tendo como base a noção de dever? Uma das respostas possíveis consiste em compreender o valor que orienta o dever como, basicamente, um conjunto de procedimentos formais de julgamento. Eis um ponto importante: a vontade que ama o dever é uma vontade que quer *determinada forma de julgar*. Assim, se todo organismo age a partir de normatividades capazes de definir valores, só os seres humanos poderiam agir tendo em vista a realização de procedimentos formais que não são encontrados na natureza. Tal caracterização do dever a partir de um conjunto limitado de procedimentos formais é uma das grandes peculiaridades de certa tradição hegemônica da filosofia moral moderna. Tradição esta que tem em Immanuel Kant (1724-1804) seu nome principal, já que é com Kant que ela encontra sua sistematização.

Chamemos de "estratégia procedural" tal modelo de definição do dever, pois ela se funda na determinação de um conjunto limitado de procedimentos formais que, por si sós, seriam capazes de definir o que devo ou não fazer. Tal estratégia procedural tinha duas grandes finalidades. Primeiro, ela visava fornecer as bases práticas para a emancipação da capacidade reflexiva do indivíduo moderno em relação à normatividade dos laços comunitaristas. Há assim um problema político na base dessa noção moral. Pois, contra certas tendências que definiam o dever a partir da necessidade de internalizar hábitos, crenças e autoridades presentes nos costumes legados pela tradição, ou seja, que viam o dever como simples modo de adesão social, essa estratégia procedural fornecia um critério para o questionamento do caráter limitado de práticas comunitárias. Eu julgo não apenas como membro de uma comunidade, com seus sistemas de crenças, mas como membro de uma espécie de comunidade universal virtual na qual os seres humanos estariam ligados pela razão.

A princípio, isso parecia garantir as bases para uma crítica ao relativismo presente em afirmações segundo as quais meu dever simplesmente estaria referido àquilo que devo fazer para reproduzir formas de vida das quais faço parte. Pois, por trás do respeito a laços comunitários, pode-se esconder a reprodução silenciosa de práticas de violência social e de autoridade não legítima. Por isso, podemos dizer que tal estratégia procedural é a expressão de uma época que já não confia inteiramente nos hábitos e em princípios tradicionais de autoridade legados pelo passado. Época que deve retirar do próprio presente o critério do que é válido e merece meu assentimento. Ou seja, época assombrada por aquilo que filósofos como Jürgen Habermas chamam de "problema de autocertificação".

Kant havia estabelecido três procedimentos formais para a definição do dever. Primeiro, uma ação que é a realização do dever é *universalizável*, ou seja, ela é válida em toda e qualquer situação. Por isso, ela ignoraria espaço e tempo para afirmar sua necessidade para além de todo e qualquer contexto. Juízos universais valem sem exceção e têm, com isso, a força de explodir contextos. Segundo, ela deveria ser *incondicional*, no sentido de não ser condicionada por alguma finalidade outra. Por exemplo, se deixo de contar mentiras não por consciência do dever moral, mas por medo de ser descoberto, ou seja, se minha ação é condicionada por outro fim que não o amor pelo dever, então ela não poderia ser moral. Por fim, sendo incondicional, a ação que é realização do dever será também necessariamente *categórica*, no sentido de ser enunciada de forma absoluta, de não poder ser realizada de outra forma. Desse modo, se quiser saber o que devo fazer, preciso perguntar se minha ação pode ser universalizável sem contradição, se ela é incondicional e categórica.

Mas, se a primeira finalidade da estratégia procedural era garantir as condições de possibilidade para a emancipação dos julgamentos em relação aos limites impostos à reflexão por práticas comunitaristas, a segunda, por sua vez, será a peça central para o próprio aparecimento do sujeito moderno. Pois essa maneira de definir o dever visava também dar forma às exigências individuais de autonomia.

A noção de autonomia é um dos atributos fundamentais da subjetividade moderna por fornecer uma definição possível para o que devemos entender por um "sujeito livre". Da mesma forma que o dever será definido como uma norma que me permite tomar distância de minhas próprias ações a fim de avaliá-las, a autonomia será definida como uma lei que dou para mim mesmo em condição de liberdade, transformando-me assim em agente moral capaz de me autogovernar e avaliar meus próprios desejos. Vinda de Jean-Jacques Rousseau (1712-1778), para quem "a obediência à lei que uma pessoa prescreveu para si mesma é liberdade", essa noção de autonomia ganha, com Kant, contornos novos e decisivos.

Tal articulação entre dever e autonomia nos lembra que a questão que toda filosofia moral procura responder não é simplesmente: "O que devo fazer?", mas "Como devo ser?" ou ainda "Que tipo de forma de vida procuro realizar?". Pois, ao instaurar uma dimensão de "dever ser", ela fundamenta um exercício contínuo de autoexame, de comparação entre minhas ações e valores e normas que assumi como ideais. Ou seja, por trás dessas duas perguntas há uma mais fundamental, a saber: "Que tipo de ideal de pessoa procuro assumir?"

Nesse sentido, embora nem sempre o encaminhamento seja posto dessa maneira, há uma importante dimensão sociopsicológica presente no problema do dever. Pois, se *a reflexão moral é, na verdade, um exercício de formação subjetiva tendo em vista a realização de um ideal*, temos o direito de nos perguntar sobre sua gênese empírica e, principalmente, se a maneira singular com que tal ideal aparece à experiência de um sujeito – maneira essa ligada a quem o enuncia, de que forma ele o representa, em que contexto o sujeito dele toma inicialmente conhecimento – não quebraria sua pretensa universalidade. Há uma inflexão singular dos ideais que pode acabar por fazer com que ações muito diversas entre si derivem do que, apenas em aparência, seria o mesmo conceito de dever. Tal fato quebra a ideia de que todos julgarão da mesma forma quando confrontados ao seu dever. Em outras palavras, devemos nos perguntar se questões de *gênese* não deixariam muito mais complexa a realização de aspirações de *validade* de julgamentos morais.

Há uma tradição filosófica, ligada aos múltiplos desdobramentos da "estratégia procedural", que verá na ideia de se perguntar sobre a gênese empírica dos julgamentos morais algo tão absurdo quanto se perguntar sobre a gênese empírica de princípios lógicos, como o princípio de identidade, de não contradição ou do terceiro excluído. Tal como proposições lógicas e matemáticas, juízos morais não dependeriam da experiência, com suas singularidades, mas se dariam previamente a ela; no caso, seriam condições de possibilidade para a experiência da liberdade. No entanto, vários pensadores, no século XIX (Hegel, Nietzsche) e XX (Freud, Adorno, Foucault, Deleuze, Lacan, só para ficar em alguns), não viram dessa forma. Por mais que professem ideias distintas, todos eles perceberam, a sua maneira, que uma moralidade inconsciente da gênese sociopsicológica de seus ideais não poderá compreender por que, por exemplo, muitas vezes ações definidas como morais produzem consequências profundamente contraditórias, imprevistas ou mesmo imorais.

Há ainda uma tradição que insistirá como a reflexão sobre a gênese sociopsicológica dos ideais morais apenas corrobora a visão procedural proposta por Kant.

O melhor exemplo nesse sentido é o do psicólogo Lawrence Kohlberg. No entanto, este pequeno livro visa mostrar algumas estratégias próprias a uma reflexão que alia consideração genética e crítica, ou seja, que vê na exposição da gênese um meio de desenvolver a crítica de certa noção ainda hegemônica do dever.

Para entender melhor a natureza dessas críticas, porém, devemos aprofundar a compreensão da anatomia do dever. Para tanto, o melhor caminho talvez seja explorar a gênese da noção moderna de autonomia. Pois se é certo que a noção de dever não esperou a modernidade para aparecer, é na modernidade que ela recebe duas de suas características fundamentais:

a) sua definição como norma dotada de universalidade, categoricidade e incondicionalidade, ou seja, imperativo inspirado no modelo da norma jurídica;

b) sua definição como expressão de uma vontade que submete outras vontades e que, através dessa capacidade reflexiva de autocontrole, funda minha própria identidade como sujeito autônomo.

1. Uma anatomia do dever

1.1. A teologia da autonomia

A primeira vez que encontramos o termo "autonomia" é em um texto grego: a peça de teatro *Antígona* (línea 917), de Sófocles (497/6-406/5 a.C.). No texto, o termo se refere à decisão de, por vontade própria, seguindo a sua própria lei, Antígona entrar viva no interior do Hades, pois ela desobedecera deliberadamente as leis da *pólis*, mesmo sabendo que tal desobediência significava a morte. Vemos assim como a autonomia aparece como vontade disposta a não levar em conta a integridade física do agente para poder se realizar. Abre-se aqui a dimensão própria a algo como a "integridade moral", ou seja, a decisão de realizar ações que podem, em certas circunstâncias, relativizar até mesmo as exigências próprias ao princípio de autoconservação. Essa vontade que submete outras vontades, aparecendo como um dever intransponível, que permite ao sujeito relativizar as exigências imediatas de autoconservação, reaparecerá de maneira decisiva na constituição da noção moderna de autonomia, como veremos no final deste capítulo.

Claro que, no caso de Antígona, a vontade que expressa a autonomia não pode ser vista como individual, tal como na versão moderna de autonomia. Antes, ela é a expressão do vínculo do sujeito a uma lei que não se confunde com a lei da *pólis*, com suas determinações contextuais visando a preservação do laço social. A lei que Antígona sustenta é, como dirá em um importante momento da tragédia, a "lei dos deuses", ou seja, lei incondicional capaz de fundar um dever que é marca de adesão do sujeito a modelos substancialmente determinados de ação, modelos não apenas formais, mas que prescrevem claramente *o que* deve ser feito, que ação deve ser realizada, que regra prática deve ser seguida. No caso da tragédia, temos, por exemplo, o dever de prestar o rito funerário a todo e qualquer sujeito. O que leva Antígona a enterrar seu irmão Polinices e enfrentar a proibição de Creonte.

É certo, porém, que tal descolamento em relação ao princípio de autoconservação, próprio a essa noção de autonomia, reaparecerá séculos depois, nos pressupostos de teses de teólogos protestantes como Martinho Lutero (1483-1546) e João Calvino (1509-1564). Essa é uma discussão importante, pois não é completamente verdade que a filosofia moral moderna rompe radicalmente com horizontes teológicos de justificação da ação, em especial aqueles presentes na Reforma Protestante. Uma dependência silenciosa permanecerá.

É lugar-comum a afirmação de que o protestantismo foi decisivo para a constituição da noção moderna de indivíduo. Lembremos, por exemplo, de como diversas seitas protestantes entendiam que cada igreja era particular e deveria se fundar sobre um pacto ou uma aliança na qual cada membro se engaja a partir de sua vontade própria. Ou seja, a igreja é uma aliança entre fiéis, a todo momento renovada. Essa era uma consequência natural de duas ideias centrais de Lutero: a salvação é dada pela fé (e não pelas obras) e a afirmação da livre interpretação da Bíblia. Assim, Lutero poderá dizer: "fica evidente que um cristão é livre de todas as coisas e está acima delas, portanto, não necessita de boas obras para ser justo e bem-aventurado, pois a fé lhe dará tudo em abundância" (Martinho Lutero, *Da liberdade do cristão*. Trad. Erlon J. Paschoal. São Paulo: Unesp, p. 43). Notemos como o reformador retoma um tema filosófico maior: a liberdade como libertação em relação às determinações empíricas do mundo (as obras) e retorno à interioridade (a fé).

Por defender tais posições, a Reforma faz com que a mediação institucional da Igreja perca importância, dando força ao exame individual de si e de suas motivações. Como percebeu o sociólogo Max Weber (1864-1920), aparece com isso uma interioridade marcada pelo sentimento de forte solidão interior do indivíduo. Pois: "No assunto mais decisivo da vida nos tempos da Reforma – a bem-aventurança eterna – o ser humano se via relegado a traçar sozinho sua estrada ao encontro do destino fixado desde toda Eternidade. Ninguém podia ajudá-lo" (Max Weber, *A ética protestante e o espírito do capitalismo*. Trad. José Marcos Mariani de Macedo. São Paulo: Companhia das Letras, p. 95).

No caso do pensamento reformado, em especial no calvinismo, essa solidão interior era aumentada devido ao dogma da predestinação. Segundo tal dogma, os salvos já estão predestinados por Deus. No entanto, não sabemos qual a vontade divina pois há uma incomensurabilidade entre sua vontade e a ciência do homem. Se há predestinação, se Deus já decidiu se serei ou não salvo antes de minhas próprias ações, então a verdadeira causa última das minhas ações (a vontade de Deus) não é acessível ao meu entendimento. Devemos chamar tal perspectiva de "voluntarista" por insistir na incomensurabilidade entre o entendimento humano e a vontade de Deus. Assim, uma questão maior impunha-se a cada fiel individualmente: "Serei *eu* um dos eleitos? E como *eu* vou poder ter certeza dessa eleição?". A resposta era apenas uma: devemos nos contentar em tomar conhecimento do decreto divino e perseverar na confiança em Cristo operada pela verdadeira fé.

Tal perseverança traduzia-se na exigência de uma profunda unidade coerente das condutas, mobilizada pelo exame contínuo de si, pela autoinspeção sistemática em cada instante, além da recorrência compulsiva da certeza subjetiva da própria eleição. Como não havia para os protestantes sacramentos como a confissão, que servia como reparação de momentos de fraqueza e leviandade, a pressão de uma unidade coerente das condutas acabava sendo entificada em uma vida pensada como sistema: "Nem pensar no vaivém católico e autenticamente humano entre pecado, arrependimento, penitência, alívio e, de novo, pecado; nem pensar naquela espécie de saldo da vida inteira a ser quitado seja por penas temporais seja por intermédio da graça eclesial" (Max Weber, *A ética protestante e o espírito do capitalismo*, *op. cit.*, p. 107).

Temos assim uma situação religiosa que produz necessariamente a experiência da interioridade (apenas a certeza da minha fé individual é o caminho para minha salvação, apenas *eu* posso interpretar o sentido da escritura divina, *o tribunal que avalia minhas condutas sou eu mesmo*, ele está em mim) e da unidade coerente das condutas (apenas a perseverança de minha conduta é o sinal de minha predestinação, *eu* devo ser tão regular quanto uma norma). Essas duas experiências serão fundamentais para o desenvolvimento da noção moderna de autonomia. Para chegarmos a tal noção basta, principalmente, recusar a perspectiva voluntarista. É tal incomensurabilidade entre consciência e causa da ação que Kant recusa ao constituir sua teoria da autonomia. Pois: "Uma moralidade composta de tirania e servilismo só pode ser evitada se Deus e o homem formarem uma comunidade moral cujos membros sejam mutuamente abrangentes por aceitarem os mesmos princípios. Assim, os oponentes do voluntarismo tinham de mostrar que a moralidade envolve princípios que são válidos tanto para Deus quanto para nós" (J. B. Schneewind, *A invenção da autonomia: uma história da filosofia moral moderna*. Trad. Magda França Lopes. São Leopoldo: Unisinos, 2005, pp. 554-5).

1.2. Um indivíduo clivado

Não se trata aqui de expor detalhadamente a doutrina kantiana da autonomia. Devemos apenas lembrar das consequências de um de seus traços fundamentais: a ideia de que, ao serem os legisladores de si próprios, os sujeitos poderiam se *autodeterminar*. Essa noção de autodeterminação é central por trazer para dentro do humano um movimento próprio àquilo que conhecemos por "substância primeira", a saber, o movimento de ser causa de si mesmo, *causa sui*. O sujeito autônomo pode se autodeterminar porque, de uma forma bastante peculiar, a causa da sua ação lhe é imanente, ela não lhe é externa, já que é fruto de sua própria liberdade. Diferentemente da perspectiva voluntarista, Kant lembra que o homem tem no seu interior a ciência da Lei devido a uma espécie de luz natural da razão partilhada por todos: "Todo homem, como um ser moral, *possui* em si mesmo, originalmente, uma tal consciência" (Immanuel Kant, *Metafísica dos costumes*. Trad. Edson Bini. São Paulo: Edipro [tradução modificada], p. 243).

Aceitemos, pois, que a causa da ação autônoma é uma Lei que o sujeito dá para si mesmo a fim de afirmar sua autonomia. No entanto, essa Lei não é uma lei particular, expressão dos interesses da pessoa privada. Se a razão não pudesse postular a realidade objetiva de uma Lei que não fosse a simples expressão dos interesses particulares da pessoa, ou seja, de seu amor-próprio, assim como do interesse utilitarista em maximizar o prazer e afastar-se do desprazer, então uma vontade livre seria, para Kant, sem sentido. Pois não haveria liberdade lá onde o sentimento fisiológico do bem-estar guia a conduta. Nesse caso, o sujeito seria submetido a uma causalidade natural em que o objeto e os instintos ligados à satisfação das necessidades físicas determinam a Lei à vontade, e não o contrário. De onde se segue a afirmação: "Estes que estão habituados unicamente às explicações fisiológicas não podem colocar na cabeça o imperativo categórico" (Kant, *Metafísica dos costumes*, *op. cit.*, p. 222). Nesse nível, o homem não se distinguiria do animal, pois: "seria então a natureza que forneceria a lei". Como se vê, entre outras coisas, tal perspectiva estabelece uma distinção estrita entre liberdade e natureza que nos remete às distinções clássicas entre *humanistas e animalistas*.

A fim de exorcizar esse determinismo na dimensão prática, faz-se necessário então que os sujeitos tenham algo mais do que desejos particulares ou, como dirá Kant, "patológicos", por se tratar de desejos que se impõem a mim como um *páthos*, como uma afecção externa ligada à maximização do prazer e ao afastamento do desprazer. Desejos a respeito dos quais não posso determinar, de maneira autônoma, seus objetos.

Interessante notar como, dessa forma, uma das referências fundamentais da noção kantiana de autonomia é o conceito grego de *autarkeía*, com sua tentativa de fundar a dominação de si na negação direta dos vínculos privilegiados a objetos sensíveis, recorrendo assim a um conceito negativo de liberdade. Essa liberdade negativa, antes de ser "liberdade de fazer determinadas ações" é "libertação em relação a certos objetos e paixões". Como dizia Lutero, coisa de quem é "livre de todas as coisas".

A estratégia kantiana para quebrar o risco de determinismo na dimensão prática e afirmar a possibilidade da ação livre passará, pois, pela defesa da existência de uma *vontade pura* que, diferentemente dos desejos particulares, age *por amor* à universalidade da Lei. Kant fala em vontade "pura" por acreditar que, para ser livre, ela não pode ser condicionada pelos objetos empíricos, e sim marcada por certa *apatia* própria a quem fez: "abstração de todo objeto, a ponto de este não exercer a menor influência sobre a vontade" (cf. Immanuel Kant, *Fundamentação da metafísica dos costumes*. Trad. Paulo Quintela. Lisboa: Edições 70, 1974). Dessa forma, se os desejos patológicos e impulsos sensíveis são uma ameaça à minha liberdade e autonomia, então o preço da liberdade será o afastamento daquilo que, em mim, se guia a partir da contingência dos sentimentos, da inconstância das inclinações, do acaso dos encontros com objetos que não são deduzidos de uma lei que dou para mim mesmo.

Nesse ponto, fica claro como o modelo kantiano de autonomia pressupõe uma divisão interna do sujeito. Divisão entre vontade e desejo, entre liberdade e natureza ou, para utilizar uma descrição que ganhará força a partir de Kant, entre transcendental e psicológico. Essa é a maneira kantiana de defender que sujeitos não devem agir apenas a partir de seus desejos e crenças, mas a partir de razões. Como se fosse absolutamente necessária uma distinção entre normas racionais "imparciais" e crenças motivadas por desejos.

Uma das consequências de tal concepção clivada da natureza humana será, assim, a compreensão do indivíduo como espaço de um conflito incessante entre vontade autônoma que comanda o dever e desejos ligados aos impulsos "irracionais" dependentes em relação à natureza. Não seria difícil novamente remontar tal concepção clivada da natureza humana à teologia. A temática da afirmação dos "motivos constantes da moralidade" contra os "afetos", isto a fim de educar o sujeito como uma personalidade, era elemento fundamental da ascese puritana. Ela permitiu o desenvolvimento de um conceito de autonomia compreendido como *a possibilidade de se agir de outra forma do que se age*, já que posso, a todo momento, apoiar-me em meus princípios morais para me contrapor às tendências internas aos afetos. Isso transforma a liberdade fundamentalmente em livre-arbítrio, capacidade de deliberação e escolha a partir de vários modelos possíveis de ação. O resultado, no entanto, não poderá ser muito diferente do que dizia um poema popular da literatura puritana, "*Auto-machia*", escrito por George Goodwin em 1607:

> Eu canto meu Eu, minhas guerras civis internas
> As vitórias que perco e ganho
> O duelo diário, a luta contínua
> A guerra que nunca termina, até o fim de minha vida
> E ainda, não apenas minha, não minha somente,
> Mas de todos que, sob o honroso signo
> Do estandarte de Cristo, irão seu nome sustentar
> Com votos sagrados de corpo e alma.

Tal concepção não esperou os puritanos para aparecer. Ela pode ser facilmente identificada nos exercícios espirituais de ascetismo próprio dos monges da Idade Média. No entanto, a novidade aqui é que tal guerra civil interna não levava a alguma forma radical de rejeição religiosa do mundo, de uma figura possível daquilo que o antropólogo Louis Dumont (1911-1998) chamava de "indivíduo fora do mundo" (cf. Louis Dumont, *O individualismo: uma perspectiva antropológica da ideologia moderna*. Trad. Álvaro Cabral. Rio de Janeiro: Rocco, 1993). Na verdade, tínhamos, contrariamente à prática monacal, uma forma de *estar no mundo* onde os ideais ascéticos podiam guiar até mesmo a vida profissional mundana através, por exemplo, de uma ética protestante do trabalho. Ética para a qual o trabalho será visto como vocação ascética, trabalho feito não tendo em vista o acúmulo e fruição de bens, mas que aparece como resposta a uma vocação que define minha identidade e se impõe a mim como dever. Assim, as formas da vida, seja na dimensão do desejo, seja na dimensão do trabalho, eram organizadas a partir da necessidade constante do exame de si, da guerra que só termina com o fim de minha vida e, com isso, da afirmação da autonomia da vontade.

Tal clivagem subjetiva ainda permanece como referência na filosofia moral contemporânea. Por exemplo, o filósofo Harry Frankfurt (1929-), em um importante texto de filosofia moral, insistirá que uma diferença essencial entre os seres humanos e outras criaturas seria a existência, nos primeiros, de "desejos de segundo nível" (cf. Harry Frankfurt, "Freedom of the Will and the Concept of a Person". In: *The Journal of Philosophy*, n. 68, 1971). Além de ter desejos e motivar-se, os seres humanos poderiam também desejar (ou não) ter certos desejos e motivações, ou seja, terem "desejo de segundo nível". Dessa forma, eles poderiam desejar ser diferentes do que são, usando o que Frankfurt chama de "capacidade de autoavaliação reflexiva".

Mas é possível pensar em ao menos duas formas de desejar ter certo desejo. Posso querer que esse desejo seja um entre outros desejos que tenho, ou posso querer que ele seja absolutamente determinante na constituição da minha vontade e da eficiência de minha ação. Há uma importante diferença de intensidade aqui. É possível, por exemplo, desejar ter o desejo de se concentrar no trabalho, mas, dependendo da intensidade desse desejo, ele pode perder sua eficiência e ser anulado por outro desejo mais forte. Quando certo desejo constitui a vontade, temos não apenas um desejo de segundo nível, mas uma "volição de segundo nível". Tal capacidade de determinar a vontade através de uma volição de segundo nível seria o verdadeiro atributo determinante de um ser dotado de autonomia. Pois é por meio desse segundo nível que determino se meus desejos são ou não desejáveis. Ou seja, percebemos novamente como a liberdade da vontade consiste *em poder desejar outra coisa do que se deseja* de maneira irreflexiva, ou seja, ela aparece como simples figura do livre-arbítrio.

1.3. O gozo do dever

Mas, aqui, vale a pena colocar uma pergunta fundamental, a saber, de onde podem vir as motivações subjetivas que me fazem aquiescer a um sistema de conduta fundamentado em tal clivagem subjetiva? Se recusarmos argumentos baseados na simples coerção ou no medo de ser "destruído" pela procura em realizar o desejo, por que sujeitos adeririam a tal modelo de moralidade no qual preciso, a todo momento, lutar contra meus próprios impulsos? Se não tivermos medo de pecar por certo anacronismo, há de se perguntar aqui sobre a "economia libidinal" do dever.

Uma maneira de responder a tais perguntas passa pela defesa de que sujeitos não determinam a totalidade de suas ações através do cálculo do prazer e da satisfação próprios ao bem-estar. Nesse sentido, é correto dizer que, *para Kant, a vontade autônoma é vontade que se coloca para além do princípio do prazer*, embora não se trate aqui de elevar a negação do prazer a critério de moralidade de nossas ações. Na verdade, seria mais correto afirmar que a vontade autônoma é aquela que se afirma em uma dimensão de indiferença em relação às exigências do prazer.

Uma afirmação dessa natureza tem, no entanto, consequências importantes, já que leva Kant a dissociar a relação, até então necessária, entre ação moral e felicidade. Pois, ao menos para Kant: "aquilo em que cada um costuma colocar sua felicidade tem a ver com o seu sentimento particular de prazer e desprazer e, até num e mesmo sujeito, com a carência diversa de mudanças desse sentimento" (Kant, *Crítica da razão prá-*

tica. Trad. Valerio Rohden. São Paulo: Martins Fontes, 2011, p. 43). Ou seja, um dos impactos fundamentais do advento da individualidade moderna seria a conjugação da felicidade no particular, já que ela estaria profundamente ligada ao amor próprio e às exigências egoístas do Eu. Cada um procura alcançar e definir a felicidade à sua maneira, levando em conta as experiências contingentes de prazer e desprazer que teve, experiências que mudam no sujeito através do tempo.

Devido a tal particularismo, Kant não pode admitir que ela apareça como a aspiração de toda ação moral, como era o caso, por exemplo, em Aristóteles (384--322 a.C.), quando podia afirmar que: "a felicidade (*eudaimonía*) é a atividade conforme a excelência" (Aristóteles, *Ética a Nicômacos*. Trad. Mario da Gama Kury. Brasília: UnB, 1992, 1099a). Ou seja, atividade para a qual convergem todos os que procuram a excelência que o ser humano pode alcançar como animal racional. Alguns filósofos contemporâneos, como Alasdair MacIntyre (1929-), criticarão Kant por ele pretensamente não compreender que a obediência a uma máxima moral só se justificaria se esta mostrar sua capacidade em realizar a felicidade de seres racionais (ver Alasdair MacIntyre, *Depois da virtude*. 2ª ed. Trad. Jussara Simões. Rev. Hélder Buenos Aires de Carvalho. Bauru: Edusc. Recomendamos não utilizar a 1ª edição, pois contém erros graves de tradução).

É bem provável, no entanto, que Kant seja guiado aqui por uma importante intuição: com o advento da individualidade moderna, a felicidade se transforma em um conceito problemático. Ligada de maneira constitutiva ao prazer, ela será vista como uma experiência intermitente. Como os animais, só conhecemos contentamentos por contraste. Pensando nisso, Kant dirá que é necessário que todo contentamento seja precedido de uma dor, como um jogo no qual se alternam constantemente medo e esperança. O domínio da procura da felicidade é, por isso, o domínio da instabilidade.

Por outro lado, conjugada no particular, a felicidade não é um ponto natural de concórdia, mas fonte de uma experiência social de discórdia. Não apenas devido à pluralidade de visões que ela comporta, mas também porque, como dirá Kant, nosso prazer cresce ao comprará-lo com a dor do outro, assim como nosso sofrimento diminui ao comprará-lo ao sofrimento semelhante ou maior do outro. Se aceitarmos tais colocações de Kant, precisaremos determinar, para além da procura da felicidade, uma outra forma de contentamento capaz de servir como motivação para a ação. É neste ponto que poderemos encontrar um certo gozo ligado ao amor pelo dever.

Uma maneira de introduzir tal questão passa pela recuperação do uso kantiano da distinção entre duas formas de falar "o bem" em alemão: *das Gute* (que Kant usa para descrever uma determinação *a priori* do bem) e *das Wohl* (ligado ao prazer e ao bem-estar do sujeito). Já podemos imaginar que os objetos ligados a *das Wohl* e, por consequência, ao prazer e ao desprazer serão todos empíricos, pois: "não se pode conhecer *a priori* de nenhuma representação de qualquer objeto, seja ela qual for, se ela se vinculará ao *prazer* ou *desprazer* ou se será *indiferente* a ele" (Kant, *Crítica da razão prática*, *op. cit.*, p. 37). O sujeito não pode saber *a priori* se uma representação de objeto será vinculada ao prazer ou à dor porque tal saber depende do *sentimento empírico* do agradável e do desagradável. E não há sentimento que possa ser deduzido *a priori* (exceção feita ao respeito – *Achtung*) já que, do ponto de vista do entendimento, os objetos capazes de produzir satisfação são indiferentes. Logo, a faculdade de desejar é determinada pela capacidade de sentir (*Empfänglichkeit*), que é particular à patologia das experiências empíricas de cada eu e desconhece invariantes universais. Isso permite a Kant afirmar não haver universalidade no interior do campo dos objetos do desejo, nem todos desejam as mesmas coisas, já que cada um segue seu próprio sentimento de bem-estar e os princípios narcísicos ditados pelo amor de si.

Tal purificação da vontade através da rejeição radical da série de objetos patológicos nos levaria, no entanto, em direção a um bem para além do sentimento utilitário de prazer. Esse bem, que Kant chamará de *das Gute* é, na verdade, "apenas a maneira do agir (...) e não uma coisa que poderia ser assim chamada" (Kant, *Crítica da razão prática, op. cit.*, p. 60). Quer dizer, a vontade que quer *das Gute* quer apenas uma *forma de agir*, uma forma específica para a ação, e não um objeto empírico privilegiado. *A forma já é o objeto para a vontade livre.*

E de qual forma trata-se aqui? Nós a encontramos no imperativo categórico: "Age de tal maneira que a máxima da tua vontade possa sempre valer como princípio de uma legislação universal". Estamos aqui diante de uma pura forma vazia e universalizante, forma que não diz nada sobre as ações específicas legítimas, sobre quais regras devo seguir, já que ela não enuncia regra alguma. "A lei", diz Kant, "não pode especificar precisamente de que maneira alguém deve agir e em que medida deve ser realizada a ação visando o fim que é ao mesmo tempo dever" (Kant, *Metafísica dos costumes*, *op. cit.*, p. 233 [tradução modificada]). O que não invalida o empreendimento moral kantiano, já que o contentamento próprio à vontade livre vem da determinação dessa vontade pela *forma* da máxima moral.

Dessa maneira, Kant pode traçar um horizonte regulador de reconciliação através da determinação perfeita da vontade pela Lei. Horizonte que, mesmo não alcançável por seres clivados como nós, deve guiar nossas ações. Horizonte no qual a vontade aparece como *Logos* puro. *Das Gute* se confunde aqui com o amor pela Lei, o que permite a Kant reintroduzir o conceito aristotélico de *Soberano Bem* como síntese entre a virtude e a felicidade, abrindo no entanto o espaço para uma importante mudança qualitativa no contentamento produzido por tal síntese. Pois ela produziria um: "agradável gozo da vida (*Lebensgenuss*) e que, no entanto, é puramente moral" (Kant, *Metafísica dos costumes, op. cit.*, p. 485). Dessa forma, um gozo próprio ao contentamento de si (*Selbstzufriedenheit*), distinto da felicidade, pois vindo do sentimento de respeito à Lei, aparece no horizonte regulador do Soberano Bem. Guardemos esta fórmula: *a conformação perfeita da vontade à Lei, a realização da vontade como dever promete um gozo para além do prazer.* É ele que nos fornece a "economia libidinal" do dever.

1.4. Entre a culpa e o sublime

Se nos deslocarmos à *Crítica da faculdade de julgar*, encontraremos um paralelo que nos fornece indicações importantes a respeito desse gozo produzido pela conformação perfeita da vontade à Lei moral. Tal paralelo aproxima a autonomia moral e o sentimento estético do sublime.

Uma das características mais marcantes da estética moderna é o movimento histórico de dissociação paulatina entre o belo e o sublime, isto a fim de, entre outras coisas, descrever duas modalidades distintas de sentimentos produzidos pela contemplação das formas. Na *Crítica da faculdade de julgar*, Kant parte dessa distinção entre belo e sublime, vendo no primeiro aquilo que concerne à harmonia e equilíbrio das formas do objeto e que produz um prazer sensível ligado ao livre jogo da imaginação. Já o sublime sempre indicaria a dimensão do ilimitado, do limite à representação e, por isso, produziria um *prazer negativo* ligado à violência contra a imaginação. Kant chega a falar do sublime como o que constitui um abismo no qual a imaginação teme se perder.

Duas determinações do sublime são fornecidas por Kant: *o sublime matemático e o sublime dinâmico*. O primeiro nomeia o que é absolutamente grande, no sentido de absolutamente desmedido. Daí a afirmação conhecida: "é sublime aquilo que, do simples fato de o pensarmos, demonstrar um poder (*Vermögen*) do espírito que ultrapassa toda medida de sentido". Kant indica como exemplo o embaraço daquele que entra na Basílica de São Pedro, em Roma. Nesses casos, se a violência contra a imaginação produz desprazer, ele é compensado pelo prazer de descobrir toda medida da sensibilidade inadequada às ideias da razão.

Já o sublime dinâmico estaria ligado à manifestação da força descomunal da natureza. Uma força que só é sublime se contemplada em situação de segurança. Pois é sublime essa capacidade de pôr-se diante do perigo, do caráter destrutivo de uma força, a fim de revelar nossa destinação superior. Diante da força descomunal da natureza, tenho consciência da finitude de minha resistência física, mas contemplando tal força como um espetáculo distante venço meus impulsos imediatos de autoconservação, o que me abre à descoberta do prazer de não me confundir completamente com eles. Por isso, Kant dirá: "sublime é o que compraz através da sua resistência contra o interesse imediato dos sentidos".

Assim, Friedrich Schiller (1759-1805), profundamente influenciado nesse ponto por Kant, podia afirmar que a contemplação da força da natureza, em segurança, nos abre à descoberta de uma resistência que não é resistência física, mas resistência vinda de nossa dissociação entre existência física e personalidade. Dessa forma, pelo sublime, encontramos um estado em que os sentimentos de dor e alegria convergem para o mesmo objeto. Entusiasmamo-nos com o temível porque podemos querer o que os impulsos repudiam. Ou seja, no belo, razão e sensibilidade se harmonizam. No sublime, elas encontram seu ponto de desregramento.

Kant abre tal discussão estética por estar interessado em mostrar como o sublime é modo de experiência da autonomia, pois o prazer negativo no qual o sublime se assenta evidencia a existência de algo em nós que coloca entre parênteses nosso desejo de autoconservação e quebra a capacidade de apreensão da imaginação. Por isso, Kant pode afirmar que o julgamento sobre o sublime assenta-se na disposição humana ao sentimento moral, na disposição em acolher o que resiste aos interesses dos sentidos. Da mesma forma que o belo nos prepara a amar algo de maneira desinteressada, o sublime nos prepara a estimar aquilo que vai contra nosso interesse sensível.

Tal discussão sobre as relações entre autonomia moral e sentimento do sublime servem para mostrar uma dimensão importante da economia libidinal do dever. Normalmente, devido à nossa sensibilidade contemporânea, dizemos que o dever assenta-se sobre um sentimento de culpa que, em si, já é motivo de gozo. Não há dever sem culpa, e a consciência da culpabilidade sempre foi uma maneira patológica de demanda de amor. Pois a experiência da culpa é indissociável do sentimento de ser virtualmente observado por alguém a quem reconhecemos autoridade legítima, a quem esperamos uma forma de amparo por nos fornecer uma norma capaz de explicar o que devemos fazer para sermos reconhecidos como sujeitos dotados de dignidade. Saber-se culpado é, assim, uma forma de nos certificarmos de que a Lei é para nós, que temos um lugar assegurado diante da porta da Lei.

Pensando nisso, o psicanalista Sigmund Freud chegou a explorar a maneira com que uma modalidade de sofrimento psíquico, como a neurose obsessiva, era na verdade uma forma de "patologia da moralidade" capaz de mostrar como o dever estava necessariamente vinculado à transgressão. Pois, nesse caso, haveria uma articulação profunda entre transgressão do dever e gozo culpado, já que a culpa seria a única forma que o neurótico obsessivo conheceria de confessar seu amor por aqueles que representam a Lei moral. Em um livro como *O mal estar na civilização*, Sigmund Freud (1856-1939) generalizará tal estrutura para a condição de modelo privilegiado de adesão social na modernidade, não se restringindo mais aos casos de neurose obsessiva; a ponto de afirmar que o sentimento de culpa seria o problema mais importante do processo civilizatório. Tudo se passa assim como se um caso patológico simplesmente fornecesse a lente de aumento para um processo presente em todos sujeitos.

De fato, não é possível negligenciar o peso de tal crítica, principalmente quando Kant insiste que a dor em relação ao abandono de nossas inclinações e a humilhação de nosso amor-próprio são sentimentos necessariamente produzidos pela consciência da Lei moral. Dor e humilhação ligadas à consciência da culpabilidade diante da Lei. Kant insiste, por exemplo, que a forma do dever é intransponível. Ela sempre aparecerá como uma obrigação que quebra nossa presunção. Querer ignorar nossa clivagem subjetiva, retirando o caráter de norma exterior do dever e transformando o que tem a forma necessária da obrigação em algum regime de impulso natural, de inclinação espontânea e entusiasmada para o bem é, para Kant, arrogância e fanatismo moral de quem acredita, erroneamente, poder alcançar a santidade da conformação absoluta entre imperativo moral e inclinações. Kant fala que tal conformação absoluta só pode ser objeto de um "progresso que avança ao infinito" (Kant, *Crítica da razão prática, op. cit.*, p. 198). Mas, como sabe o velho Zenão de Eleia (c. 490-430 a.C.), um progresso ao infinito é, na verdade, a perpetuação de uma distância infinita, isto se não quisermos apelar à imortalidade da alma. Quem anda em direção ao infinito continua, a partir da perspectiva do infinito, no mesmo lugar. Dessa maneira, a estrutura da oscilação contínua entre dever e desejo de transgressão acaba por se transformar em situação intransponível.

É certo, no entanto, que uma crítica de moralidades centradas no dever necessita refletir sobre um espectro mais amplo de motivações que levam os sujeitos a assumir tal modelo de normatividade. Uma dessas motivações é, certamente, o fato de a enunciação moderna do dever estar vinculada à *procura de uma experiência de contentamento ou, ainda, de gozo, marcada pela superação em relação à finitude de nossa determinação sensível*, assim como a superação em relação ao sistema de interesses do indivíduo. A tal contentamento Kant dá o nome de "respeito", elevando-o à condição de único sentimento moral.

É interessante sublinhar como, no interior da sociedade dos indivíduos, o ideal de formação subjetiva baseado na consciência do dever aparece necessariamente ligado à vontade de não agirmos apenas como indivíduos. O que explica por que perspectivas sociais fortemente individualistas sempre estiveram mais à vontade no interior da moral utilitarista, que vincula a ação moral à procura da maior felicidade para o maior número de pessoas, entendendo aqui "felicidade" a partir do cálculo de maximização do prazer e afastamento do desprazer. Para além de tal perspectiva utilitarista, o dever aparece como forma de ultrapassagem da finitude, descoberta daquilo que "eleva o homem sobre si mesmo" (Kant, *Crítica da razão prática, op. cit.*, p. 141), permitindo-lhe descobrir a "sublimidade de nossa existência suprassensível" (*idem*, p. 143). A falar de "sublimidade", Kant acaba por afirmar que, à sua maneira, há um importante prazer estético no reconhecimento do dever, *como se estivéssemos diante de um projeto moral assentado em uma peculiar forma de construção estética de si.*

Nesse sentido, encontramos uma dimensão importante na definição moderna do dever. Como construção estética de si, o dever guarda o desejo de não limitarmos nossa existência àquilo que atualmente somos, àquilo que atualmente nos determina. Ele é a expressão de que nada nos obriga a nos contentar com a imagem atual do homem, com suas configurações locais e suas determinações antropológicas. Expressão de um desejo do que ainda não tem imagem e figura. Pois: "Estamos *cultivados* em alto grau pela Arte e pela Ciência. Somos *civilizados* até ao excesso, em toda classe de maneiras e na respeitabilidade sociais. Mas falta ainda muito para nos considerarmos já *moralizados*" (Kant, "Ideia de uma história universal de um ponto de vista cosmopolita". In: Immanuel Kant, *A paz perpétua e outros opúsculos*. Trad. Artur Morão. Lisboa: Edições 70, 2009, p. 34).

Fica a questão de saber se o dever seria a única forma possível de tal elevação em direção ao sublime, que aparece como motor silencioso para a formação de certo conceito moderno de sujeito. Trata-se de uma questão relevante porque conceitos filosóficos tem a característica de serem, muitas vezes, feixes de determinações contrárias, o que faz, inclusive, com que funcionem de maneiras distintas de acordo com a situação na qual se inserem. Com o conceito de dever não poderia ser diferente. Podemos distinguir, ao menos, quatro determinações que o produziram:

a) a expectativa política de liberar os indivíduos de vínculos comunitaristas fortemente enraizados sob a forma de hábitos ritualizados e autoridades tradicionais;

b) a crítica da pretensa heteronomia de desejos e impulsos vistos como "naturais" e animalizados;

c) a procura em superar o sistema particular de interesses atomizados dos indivíduos modernos;

d) a tentativa de garantir uma segurança ontológica para a ação moral através da fundamentação de critérios para a definição de normatividades justas.

O conceito moderno de dever é uma espécie de dispositivo que unifica esses quatro processos autônomos entre si. Ao desmontá-lo, cada um desses processos poderá seguir um destino diferente. Alguns poderão ser simplesmente recusados (como o segundo ponto, com sua concepção de natureza compreendida como o "avesso da liberdade", ou mesmo o quarto ponto), outros poderão ser recuperados em outra chave.

2. A forma da equivocidade

2.1. Da inutilidade do mal

Muito cedo, a concepção kantiana de dever foi criticada por, no fundo, não servir para nos orientar diante de exigências de moralidade. Há vários regimes de crítica que insistem nas consequências inesperadas que o respeito ao dever acaba por produzir. Gostaria de, neste capítulo, apresentar duas estratégias de crítica: uma que privilegia o problema do formalismo próprio a tal concepção e outra que insiste na necessidade de uma perspectiva capaz de articular gênese empírica e crítica de nossos modelos de julgamento moral. Essas estratégias se relacionam entre si e muitas vezes estão presentes no mesmo autor.

Alguns autores lembram, no entanto, que tais críticas precisam não apenas indicar as insuficiências do modelo de moralidade fundamentado no conceito de dever. Elas precisam oferecer uma direção alternativa, se não quiserem ser acusadas de impor alguma forma de "niilismo moral" resultante da impossibilidade de simplesmente emitirmos julgamentos morais (ver, por exemplo, Jacob Rogozinski, *O dom da Lei: Kant e o enigma da ética*. Trad. Sílvio Rosa Filho. São Paulo: Discurso, 2006). No entanto, é bom lembrar que, no interior do debate filosófico, sempre se levanta tal acusação de niilismo moral para calar opositores. Ela não é a descrição de uma perspectiva de avaliação, mas a desqualificação pura e simples de uma posição filosófica. Ou seja, trata-se de uma injúria intelectual. O que a história da Filosofia nos mostrou é que sempre se é o niilista de alguém, sempre haverá alguém a dizer que você flerta com o niilismo. Mas, se julgamentos morais visam responder não apenas à pergunta: "como devo agir?", mas também a "quem procuro ser?", "quais ideais e valores procuro realizar com minha forma de vida?", então mesmo posições relativistas, que negarão a possibilidade de julgamentos morais universais ou que insistirão que minha procura pessoal de prazer deve ser o critério último de minhas ações, serão ainda morais. Isso significa simplesmente que devemos expor as críticas ao dever tendo em vista as normatividades alternativas que elas propõem. Normatividades que, mesmo enunciadas de maneira silenciosa e tangencial, não devem ser descartadas a partir de expedientes fáceis. Sendo assim, cabe ao pensamento crítico não descartar perspectivas de ação acusando-as de niilistas, mas de se perguntar se é possível avaliar diferentes moralidades a partir de alguma forma de critério comum.

É possível tentar contra-argumentar dizendo que, na verdade, há sim perspectivas moralmente niilistas. Basta que elas nos impeçam de distinguir, de maneira relativamente segura, bem e mal. Uma moralidade centrada no dever ao menos garantiria um critério sólido para tal partilha. No entanto, podemos levantar duas questões aqui.

Primeiro, o "mal", tal como comumente empregado, não é um conceito filosófico, mas teológico. Ele não tem função alguma nos debates sobre filosofia moral, pois sua definição é vaga, imprecisa e completamente maleável aos interesses do momento. Como categoria moral, o "mal" é inútil por obscurecer a compreensão das dinâmicas psicológicas em operação na constituição da vontade e da ação. Ou seja, o mal não serve para descrever a intencionalidade dos agentes. No máximo, ele pode descrever as consequências da ação. Mas aplicado à análise das consequências, ele deixa de ser uma categoria simplesmente moral para adquirir uma profunda dimensão social e política, já que se trata da avaliação do impacto das ações no interior da vida social em situações locais.

Se tentarmos defender a força explanatória do mal como descrição de estruturas de intencionalidade, afirmando, por exemplo, que "mal" é essa perspectiva na qual desejo tratar outros sujeitos não como fins em si mesmo, como sujeitos dotados de dignidade moral, mas como meios para meus interesses, submetendo a Lei ao amor-próprio (diga-se de passagem, essa é a maneira tradicional de descrevermos a perversão), então dificilmente poderemos defender a existência de uma relação intersubjetiva que não seja má. Em algum nível, o outro é sempre meio para meu interesse, nem que seja interesse de reconhecimento, de acolhimento, de segurança, de desejo e de afeto. Impedir genericamente que o outro seja tratado como meio é uma proposição vazia de sentido que simplesmente inviabilizaria toda e qualquer relação humana. Ou seja, ela simplesmente não serve para descrever a dinâmica necessária e corrente dos vínculos entre seres humanos. Lembremos que não é necessariamente degradante ser o instrumento do desejo do outro. Certamente, muito pior é não ser capaz de aparecer como objeto do desejo do outro.

Mas, se afirmamos que o "mal" estaria profundamente vinculado ao prazer *consciente e deliberado* de fazer o outro sofrer, então nos depararemos com um interessante problema de causalidade. Ao dizermos que alguém fez outro sofrer por ser ele ou ela uma pessoa má, explicamos realmente algo ou agimos como aquele médico de Molière que, incapaz de descrever por que o ópio causava sono, afirmava que, afinal de contas, o ópio causa sono por conter uma *virtus dormitiva*, ou seja, ele causava sono por existir nele algo que causa sono? "Mal" não seria, nesse caso, uma *virtus dormitiva*, um significante vazio que encobre a incapacidade de compreendermos a verdadeira dinâmica psicológica que leva alguém a desejar deliberadamente o sofrimento do outro?

À sua maneira, Friedrich Nietzsche (1844-1900) colocou bem esta questão, em *Genealogia da moral*, ao afirmar que o ressentimento e o medo eram as verdadeiras fontes do que chamamos de "mal". Diante do medo e do sentimento de não ter reagido à altura contra uma violência, ruminando infinitamente a injúria sofrida, as ações mais inconsequentes e destrutivas têm lugar. Ou seja, uma perspectiva moral não se deve bater contra os moinhos de vento do mal, importando de maneira despudorada conceitos que serve apenas para a teogonia. Ela deve problematizar sentimentos concretos de medo e ressentimento diante da dinâmica necessariamente trágica dos fenômenos da vida. Em suma, *o problema moral fundamental nunca foi o combate ao mal, mas o combate ao medo e ao ressentimento.*

2.2. Mentirosos, egoístas, mas morais

Esta discussão serve ainda para introduzirmos a crítica ao formalismo. Pois uma das dimensões fundamentais de tal crítica pode ser enunciada da seguinte maneira: "É possível garantir que uma ação feita por amor ao dever, ou seja, consistente com os critérios formais que o dever enuncia, não produzirá consequências prejudiciais?". Caso a resposta seja negativa, então uma moralidade centrada no dever não nos forneceria critérios sólidos de distinção entre bem e mal, isto se aceitarmos a inanidade de tal distinção para a descrição da intencionalidade dos agentes e seu uso restrito à avaliação das consequências da ação.

Primeiro, é possível mostrar como, em certos casos, a simples remissão a um conjunto definido de procedimentos formais não permite o esclarecimento do que deve ser feito. Nesse sentido, fazer uma crítica do formalismo significará afirmar que a fundamentação da ação moral através da pura forma do dever não é capaz de fornecer um procedimento seguro de decisão a respeito do conteúdo moral de minhas ações. Se mostro que duas proposições contraditórias podem preencher, de maneira consistente, os mesmos procedimentos de universalização sem contradição, categoricidade e incondicionalidade então serei obrigado a assumir que o julgamento moral precisa apoiar-se em algo mais que sua pura forma.

Por exemplo, para Kant, uma ação moral não poderia ter, como móbile, o egoísmo. Ações morais, por serem incondicionais, vinculam-se apenas ao respeito à Lei moral. Elas humilham o amor-próprio com seu sistema de interesses. No entanto, do ponto de vista estritamente formal, não há contradição alguma em afirmar que todos devem agir "incondicionalmente" de maneira egoísta a fim de o bem comum ser produzido. Como dirá Adam Smith (1723-1790), não é da benevolência do açougueiro, do cervejeiro ou do padeiro que esperamos nosso jantar, mas de sua consideração pelo seu interesse próprio; dirigimo-nos não à sua humanidade, mas ao seu interesse próprio, e nunca falamos com eles sobre nossas necessidades, mas das suas vantagens (cf. Adam Smith, *A riqueza das nações*. Trad. Luiz João Baraúna. São Paulo: Nova Cultural, 1996). Dessa forma, o egoísmo subjetivo, ao ser universalizado, inverte-se em contribuição à satisfação das necessidades de todos. O ganho individual se transforma em acréscimo à riqueza universal.

Se quisermos criticar a universalização do egoísmo, não fará sentido procurar algum tipo de contradição formal inexistente. Levando em conta apenas tal dimensão, não poderemos caracterizar como imoral a ausência de benevolência do padeiro, do açougueiro e do cervejeiro inglês egoísta. Na verdade, melhor lembrar como a adesão ao comportamento pregado por Adam Smith passa pela maneira com que avaliamos as consequências de tais ações tendo em vista o que entendemos por "bem comum". No entanto, o sentido dado à noção de bem comum não é moral, mas político, socialmente construído, e, por isso, passível de conflito e dissenso. Ou seja, para justificar um modelo de ação fomos obrigados a apelar a algo que não é um conjunto de procedimentos formais, mas uma definição substancial de forma de vida empiricamente enraizada. Definição baseada em expectativas, conteúdos de experiências pregressas, desejos e sistemas sociais de crenças.

Outra dimensão fundamental da crítica do formalismo é a desconsideração equivocada pela particularidade de contextos de ação. Um caso exemplar aqui diz respeito ao problema do direito à mentira. Em um pequeno opúsculo tardio, Kant se insurge contra o filósofo Benjamin Constant (1767-1830), que advogava o direito à mentira em situações excepcionais; por exemplo, quando um assassino pergunta-me, à soleira de minha porta, se um amigo meu que ele quer matar encontra-se escondido em minha casa. Kant afirmará que mentir nesse caso, além de não garantir a sobrevida de meu amigo (por exemplo, ele poderia ter fugido de casa sem que eu soubesse), seria certamente a realização de um dano contra toda a humanidade, pois quebraria a universalidade necessária da forma da ação, isto a ponto de, inclusive, inviabilizar a forma geral do contrato. Sendo assim, mesmo nesse caso, a mentira é inaceitável.

Posso afirmar, no entanto, que não se trata de elevar a mentira a princípio de direito, mas admitir que situações excepcionais existem e não podem ser avaliadas da mesma forma que situações genéricas. A distinção entre o genérico e o excepcional em nada bloqueia os julgamentos morais, nem nos leva a uma hipotética situação de anomia e desagregação normativa. Como diz Theodor Adorno (1903-1969), o medo do caos, tanto em música quanto em psicologia social, é normalmente superdimensionado.

Poderíamos, por exemplo, radicalizar o exemplo de Constant e pensar que o assassino é um agente do regime nazista e meu amigo, um resistente ou um refugiado judeu. Contar a verdade, aqui, pode servir para auxiliar a perpetuar um Estado criminoso. Não é evidente a moralidade da palavra franca, nesse caso. Sequer o expediente de tentar escapar do impasse afirmando: "Tenho o direito de não responder o que você me pergunta" pode ser útil nessa situação. Não é difícil imaginarmos que, dependendo da situação, ele pode ser compreendido como uma confissão indireta de culpa.

Tal exercício serve apenas para mostrar como agentes sabem que não devem agir da mesma forma em todo e qualquer contexto. Eles sabem que *a universalidade dos princípios não implica uniformidade das condutas*. De fato, assim teremos estruturas menos rígidas de comportamento, mas nada me obriga a aceitar que isso seja necessariamente ruim. Posso dizer, ao contrário, que o verdadeiro dano contra a humanidade, o verdadeiro ato que quebra a universalidade da Lei, é descuidar da vida de um singular que depende de mim, em nome da minha conformação obsessiva a um ideal de conduta.

A distinção entre situações genéricas e excepcionais apenas dissocia, de maneira mais efetiva e radical, a diferença pressuposta pelo próprio Kant entre Lei moral e regra prática de conduta. Pois é bastante sintomático que, ao procurar fornecer exemplos da Lei moral, Kant precise geralmente retornar às regras de conduta do senso comum próprio à sua comunidade (não mentir, respeitar dívidas e empréstimos, crer que um encontro amoroso não vale o risco da própria vida etc.). Como se elas nunca tivessem saído do horizonte de sua reflexão moral, como se, no fundo, fosse questão de encontrar alguma maneira de salvá-las. No entanto, a ausência de natureza regulativa da normatividade moral permite que os sujeitos sirvam-se de sua capacidade de decisão para procurar a melhor forma de aplicar o que lhes aparece como princípio de conduta.

Poderíamos contra-argumentar insistindo que o problema fundamental de Kant no exemplo sobre a mentira é a ideia, defendida por Benjamin Constant, de que nem todos têm o direito à verdade. Maneira de o filósofo francês justificar o fato de mentir para um assassino. De fato, o argumento de Constant é fraco e Kant tem razão: o direito à verdade não pode ser relativizado, sob pena de quebrar o princípio incondicional da humanidade de todo sujeito. Mas podemos dizer que o problema não diz respeito exatamente *ao direito* à verdade. Ele refere-se ao fato de que, nesse contexto, simplesmente não é evidente que contar a verdade seja uma ação moral. Valeria aqui meditarmos sobre o "contraexemplo" fornecido por Adorno: "considere-se o instante no qual um refugiado pede por abrigo; se nesse instante colocamos em movimento todo o aparato de considerações ao invés de simplesmente agir e dizer 'Aqui está um refugiado que deverá ser morto ou cair nas mãos de um Estado policial em algum país e que, por isso, precisa ser escondido e protegido; tudo o mais deve se subordinar a isso', se a razão faz aqui uma falsa entrada, então a razão advém irracional" (cf. Theodor Adorno, *Probleme der Moralphilosophie*, Frankfurt: Suhrkamp, 1996, p. 45. Trecho traduzido por Vladimir Safatle).

Levantar a hipótese de que contar a verdade pode, em certa situação, não ser uma ação moral é algo impensável dentro da perspectiva kantiana porque, no fundo, Kant não se contenta em apenas definir as condições formais para o julgamento moral. Ele, em vários momentos, vê-se obrigado a determinar regras práticas. Essa é sua maneira de garantir que não haveria indecidibilidade em relação às regras práticas, se sempre levarmos em conta a normatividade da Lei moral.

Por exemplo, Kant insistirá que nunca posso saber, com todas as garantias, se um ato foi feito *por amor* à Lei ou simplesmente por *conformidade* à Lei.

Meus desejos particulares sempre podem interferir inconscientemente nas inclinações em direção à ação. Isso significa dizer que, por exemplo, não saberei jamais se digo a verdade por medo das consequências da descoberta da mentira ou por amor desinteressado à Lei. Mas isso não coloca maiores problemas para a definição da ação moral porque *sempre saberei qual a forma do ato feito por amor à Lei*. Eu sempre sei que, em qualquer circunstância, contar mentiras é contra a Lei moral, já que tal ação não poderia, aparentemente, ser universalizada sem contradição. Daí uma afirmação decisiva como: "Para o ajuizamento do que segundo a Lei moral precisa ser feito não tem de haver tanta dificuldade, a ponto de que até o entendimento mais comum e menos exercitado, mesmo sem experiência do mundo, não soubesse lidar com ele" (Kant, *Crítica da razão prática*, *op. cit.*, p. 65). Quer dizer, o entendimento ordinário, este do homem maduro, que ultrapassou a infância e não caiu em loucura, sempre sabe qual é o seu dever.

Eis um ponto central porque tudo se passa como se não houvesse indecidibilidade no interior da práxis moral. Para Kant, razão prática sempre será razão prática *pura*, ou seja, a capacidade *a priori* de distinguir certo e errado, bem e mal. Tal "segurança ontológica" só é possível porque Kant trabalha com *uma perspectiva que precisa partir do pressuposto de que a dimensão procedural da Lei condiz com uma visão unívoca de sua dimensão semântica*. Isso significa que os procedimentos previstos pela Lei já garantem a natureza de sua significação, assim como já garantiriam o esclarecimento do modo correto de sua aplicação em todas as situações possíveis. Segundo essa perspectiva, apreender o procedimento já é saber como aplicá-lo, independentemente da multiplicidade empírica dos contextos de ação, com suas peculiaridades sócio-históricas. Como se os contextos de ação não pudessem inverter e resistir ao sentido da Lei, como se no fundo eles nada tivessem a acrescentar ao esclarecimento do julgamento moral.

2.3. Hegel e a crítica do formalismo

Georg Wilhelm Friedrich Hegel (1770-1831) será o primeiro a fazer uma crítica sistemática desse modelo kantiano. Ao expor sua crítica do dever, Hegel não procurava, no entanto, apenas mostrar a existência de situações nas quais a simples remissão a um conjunto definido de procedimentos formais não permite o esclarecimento do que deve ser feito. Ele lembrava que a ignorância a respeito das consequências das ações em contextos sociais concretos pode transformar o dever em simples emulação de algo próximo ao que Max Weber chamará um dia de "ética da convicção", ou seja, ética que confunde minha convicção inabalável de fazer o bem, minha "bela alma" (como dirá Hegel), com a realização efetiva do bem. Maneira segura de se chegar a consequências simplesmente catastróficas.

Por exemplo, Hegel lembra da máxima com aspirações universais: "Ama ao próximo como a ti mesmo". No fundo, ela só pode significar, dirá: "Devo amar o próximo com inteligência; um amor não inteligente talvez lhe faria mais danos que o ódio." Essa cláusula de relativização pode parecer anódina, mas acaba por introduzir um princípio de fragmentação ligado à individualidade e aos motivos psicológicos que interferem na aplicação da máxima. Pois o que pode ser um "amor inteligente" a não ser aquele que me parece como tal a partir das experiências afetivas que tive e do modelo de amor que recebi? Se esse for o caso, posso ter convicção de agir de forma correta, mas tal convicção não é expressão de segurança ontológica alguma. Mesmo que a máxima em questão seja universal, seu modo de aplicação passará sempre por inflexões individuais, o que nos explica, nesse caso, por que experiências afetivas nas quais amo o outro como a mim mesmo são tão prenhes de mal-entendidos. Nada impede o que aparece a mim como "amor inteligente" ser sentido pelo outro como algo profundamente danoso, devido à natureza diversa de suas experiências afetivas.

A única maneira de não cair em alguma forma de relativismo profundo aqui seria apelar a uma dimensão institucional que, por ser intersubjetivamente partilhada e por estar na base da formação de todas as individualidades, forneceria a coesão social necessária para avaliar práticas de maneira relativamente segura. O que explica por que Hegel faz um comentário aparentemente temerário como: "Mas o bem-fazer essencial e inteligente é, em sua figura mais rica e mais importante, o agir inteligente universal do Estado. Comparado com esse agir, o agir do indivíduo como indivíduo é, em geral, algo tão insignificante que quase não vale a pena falar dele" (Georg F. W. Hegel, *Fenomenologia do espírito*. Trad. Paulo Meneses. Petrópolis: Vozes, 1991, § 425).

Essa é a maneira hegeliana de dizer que não há ação moral sem a referência a normas institucionais que reconheço como justas e legítimas por já se demonstrarem capazes de garantir as condições sociais para a realização da liberdade. Podemos criticar a crença hegeliana de que tais normas encontrariam sua figura exemplar no Estado moderno; podemos também relativizar o "princípio de jurisprudência" que me leva a projetar ações futuras a partir das consequências realizadas por ações semelhantes no passado, mas isso não invalida a compreensão hegeliana de que, ao invés de nos referirmos a normatividades transcendentais, devemos procurar a fundamentação de julgamentos morais a partir da racionalidade de instituições sociais.

Pode parecer com isso, no entanto, que regredimos a uma ideia arcaica, anterior ao advento da noção moderna de autonomia, a saber, a defesa de que meu dever está vinculado ao sistema de instituições, regras sociais e hábitos que compõem minha comunidade.

Seria a crítica ao formalismo um convite mudo ao comunitarismo?

2.4. A tentativa de retorno às virtudes e o problema da autenticidade

Há uma maneira tangencial de responder tal questão. Ela passa pela análise de certos aspectos de uma das perspectivas filosóficas mais críticas em relação a uma moralidade centrada no dever, a saber, a recuperação contemporânea da ética das virtudes.

A princípio, as virtudes (*areté*, em grego, no singular) seriam disposições que nos levariam a escolher, por deliberação racional, aquilo que, relativo a nós, não é nem excesso nem falta, mas que aprimora nosso bom estado. Por isso, Aristóteles dirá que: "a felicidade é certa atividade da alma segundo perfeita virtude", sendo que a virtude humana seria: "a disposição graças à qual ele [o homem] se torna um homem bom e graças à qual desempenha bem a função de si próprio" (Aristóteles, *Ethica Nicomachea I 13 – III 8: Tratado da virtude moral*. Trad. Marco Zingano. São Paulo: Odysseus, 2008, II5a20). Importante aqui lembrar como a virtude é definida a partir de dois vícios presentes nos extremos. Assim, por exemplo, sendo a coragem uma virtude, seu excesso é a temeridade e sua falta a covardia: duas formas de vício.

Não se trata aqui de discutir a teoria aristotélica das virtudes e toda a extensão de sua recuperação contemporânea. Gostaria apenas de insistir em um ponto importante. Uma recuperação das virtudes é indissociável da reflexão sobre a essência do homem como animal racional, sobre como o agente deve ser para agir moralmente, assim como sobre o horizonte teleológico de suas ações, sobre a felicidade como horizonte concreto do que tal essência pode realizar na vida social. Como dirá MacIntyre, os seres humanos, como membros de qualquer outra espécie, têm uma natureza específica; e essa natureza é tal que eles tem certos alvos e objetivos, que eles se movem naturalmente em direção a *théloi* [fins] específicos (cf. MacIntyre, *Depois das virtudes, op. cit.*). Dentro dessa perspectiva, a reflexão sobre moral deveria basear-se no esclarecimento da natureza humana como fundamento para a ação social teleologicamente orientada. Tal esclarecimento permitiria, pretensamente, a identificação de um conjunto necessário de virtudes (como a prudência, a sabedoria e a generosidade) definidoras do homem e, por consequência (já que o homem é um animal político), capazes de garantir o horizonte de legitimação de uma forma de vida condizente com modos universalizáveis de comportamento. Ao menos segundo MacIntyre, tal modo de vida teria sua melhor realização em certa compreensão da *pólis* grega como ideal de sociedade de homens livres (um ideal que pode, sem prejuízo de sua normatividade, recusar as características próprias a uma sociedade escravagista e patriarcal).

No entanto, esta elevação do modo de adesão social presente na pólis grega a uma forma de horizonte regulador da vida em sociedade só pode ser feita levando à caricatura todas as exigências de reconhecimento ligadas ao advento da individualidade moderna. Por exemplo, as demandas de *autenticidade* na conduta, autenticidade própria de indivíduos que não se sentem mais presos a uma "natureza humana" profundamente normativa e emuladora de virtudes, não poderão ser acolhidas.

Esse é um ponto importante pois nossas sociedades modernas operam, na verdade, com dois modelos de liberdade: um baseado na noção de *autonomia* e outro vinculado à noção de *autenticidade* da conduta. Muitas vezes tais modelos se dissociam e entram em conflito; no entanto, há uma complexa balança a ser construída entre eles. Não queremos ser apenas autônomos, queremos ser autênticos, construir nossos horizontes de autorrealização levando em conta a singularidade de nossos sentimentos e de nossas formas de adesão.

Devido à sensibilidade diante de exigências de autenticidade, uma comunidade política baseada na liberdade precisa admitir certa *neutralidade* a respeito das determinações substanciais de uma vida bem-sucedida ou, se quisermos, certa indiferença em relação às diferentes maneiras de compreender o que vem a ser uma vida bem-sucedida. Só dessa forma ela poderá acolher as múltiplas demandas de autenticidade dentro de um quadro valorativo relativamente flexível, o que ao menos colapsa a determinação estável de um conjunto privilegiado de virtudes morais que deveriam sempre produzir os mesmos efeitos sociais e que deveriam estar presentes de maneira integral, idêntica e unitária em todo sujeito virtuoso.

Uma definição de vida social que não leve isso em conta tenderá a ver, na revolta individual contra o caráter coercitivo da natureza de vínculos comunitários elevados à condição de ideal, a mera reação patológica de alguém que se alienou de sua própria natureza. No entanto, nada mais autoritário. Pois, como lembra o filósofo Charles Taylor (1931-): "A autenticidade envolve originalidade, demanda uma revolta contra a convenção. É fácil ver como o próprio padrão de moralidade pode ser visto como inseparável da sufocante convenção" (Charles Taylor, *A ética da autenticidade*. Trad. Talyta Carvalho. São Paulo: É Realizações, 2011, p. 72).

À sua maneira, Hegel tinha esse problema em vista quando pensava sobre a racionalidade das instituições sociais na modernidade. Contrariamente aos defensores da ética das virtudes, ele não procurou apelar à existência de uma natureza humana capaz de orientar a definição das virtudes morais. Na verdade, Hegel acreditou sermos capazes de criar instituições que não se justificariam tendo como base o recurso a naturezas reificadas. Por isso, sua esperança era que um Estado justo poderia acolher demandas de autenticidade, poderia abrir espaço a certa neutralidade na avaliação de modos de autorrealização, ao mesmo tempo que garantiria um quadro visível de reconhecimento do caráter moral das ações. Voltemos a insistir: mesmo que tal alternativa não deixe de produzir problemas, ela ao menos coloca uma interessante perspectiva político--moral: *só é virtuoso aquele que é cidadão de um Estado justo*. O que pode nos levar a afirmar que as ações morais são aquelas que nos levam à efetivação de tal Estado, são aquelas que adiantam sua imagem.

Fora desse Estado, porém, as ações seriam necessariamente marcadas por uma *insegurança ontológica* estrutural. Sendo assim, se chegarmos à conclusão de que, em nosso momento histórico, estamos na impossibilidade de pleitear tal realização institucional ou se aceitarmos que há algo como uma "fragilidade estrutural" em tal realização (ou seja, sua realização sempre será frágil), então uma saída possível será afirmar que devemos aprender a admitir a necessidade de agirmos levando em conta uma situação moral de insegurança ontológica. Longe de ser um convite ao niilismo moral, tal insegurança pode ser condição para modelos renovados de ação.

3. Insegurança ontológica

A estratégia procedural de Kant visava garantir as condições para uma "segurança ontológica" na definição dos julgamentos morais. A fim de nos orientarmos no pensamento e na ação, escapando do relativismo moral, seria necessário algo como uma capacidade *a priori* de distinguir o bem e o mal, assim como uma vontade livre, purificada de todo móbile do egoísmo e da instabilidade dos sentimentos. Como disse Kant, até a consciência desprovida de experiência poderia saber como julgar a partir da Lei moral. Ou seja, é absolutamente necessário, para Kant, que não exista indecidibilidade alguma na dimensão da razão prática. Assim, se de algumas ações morais seguissem consequências prejudiciais, isso só poderia estar ligado ao fato de elas não terem sido convenientemente purificadas dos móbiles das paixões e do amor-próprio. O fracasso seria necessariamente expressão de uma interferência externa à ação moral, nunca o resultado de um risco interno à própria maneira de definir a moralidade.

Podemos ver, porém, nessa crença ferrenha na segurança ontológica de julgamentos morais, a matriz de um equívoco. Talvez a verdadeira função de uma Filosofia moral seja mostrar a necessidade de aprendermos a agir em situações de insegurança ontológica. Isso significa, principalmente, agir tendo a consciência da fragilidade do que aparece, para nós, como nosso dever. Pois, no fundo, a consciência da falibilidade é a mais importante das virtudes morais. Ela não nos leva necessariamente a alguma forma de bloqueio da ação, mas a uma ampliação da noção de "engajamento". A partir dessa perspectiva, o engajamento não significa ser fiel a um princípio, por mais claro que ele possa nos parecer, mas ser fiel ao esforço de pensar contra si mesmo e rever as consequências do que, em dado momento, é claro para nós.

3.1. Força de lei, respeito e fantasia

Se quisermos aprofundar a compreensão da natureza dessa insegurança ontológica que assombra o conceito de dever, devemos admitir a necessidade de analisar a gênese empírica de nossos regimes de julgamento moral. Nesse caso, devemos prestar uma especial atenção àquilo que poderíamos chamar de "gênese da autoridade da Lei".

Posso reconhecer a necessidade de organizar meu comportamento a partir de uma Lei moral. No entanto, há situações nas quais tal reconhecimento simplesmente não tem eficiência por ser apenas um entre outros motivos para agir que levo em conta. Para isso não ocorrer, o reconhecimento da Lei precisa ter uma autoridade, ter uma força de lei. Principalmente, tal força de lei não pode ser simplesmente derivada da consciência da possibilidade da punição. Se assim fosse teríamos simplesmente uma relação coercitiva com o dever, e nunca uma situação na qual ajo por amor ao dever.

Kant procura resolver tal problema ao definir o *respeito* como sentimento que me levaria ao assentimento da Lei, sentimento dotado de força para submeter outros sentimentos e ser causa eficiente de minha ação. No entanto, o "puro respeito" (*reine Achtung*) pode aparecer como explicação para o conceito de dever por se tratar de respeito à Lei moral, ou seja, resultado de uma atividade da razão, e não dos sentidos. Tal respeito significa a subordinação da minha vontade a uma lei, sem a mediação de qualquer outra influência do meu sentir.

Nesse ponto, encontramos uma importante crítica em, entre outros, Sigmund Freud. Toda a crítica de Freud à noção kantiana de dever, com seu imperativo moral, pode ser compreendida a partir da defesa da insustentabilidade da ideia kantiana da ausência de gênese empírica do sentimento de respeito à Lei moral. Essa pode parecer uma maneira indevida de recorrer à antropologia para pensar o que seria objeto de uma dedução transcendental. Mas estamos tão acostumados, ao menos em Filosofia, a tomar por não problemática e completamente evidente a distinção entre psicológico e transcendental que perdemos a capacidade de nos perguntar em que o sentimento empírico de respeito que desenvolvemos em nossa relação originária a autoridades como os pais e, posteriormente, às instituições, às igrejas etc., determina o modo de configuração do respeito que temos pela Lei moral. É possível que a autoridade da Lei moral seja sempre apoiada na autoridade que devo reconhecer no interior de processos de socialização e de formação da individualidade. Não há como ignorar que a autoridade que garante a força da Lei, seja ela qual for, não é autônoma em relação à produção social de representações imaginárias da força presente em instituições sociais, em especial, na família.

Devemos falar em "representação imaginária" nesse contexto porque, se há algo que Freud nos ensinou, é que a internalização de um princípio de autoridade nunca se faz sem apoiar-se em fantasias que desenvolvi quando procurei superar situações de insegurança existencial e desamparo afetivo que marcam, desde o início, a vida de todo e qualquer sujeito. Desamparo ligado, ao menos segundo Freud, à descoberta da contingência dos objetos do desejo, dos papéis e identidades sociais, assim como à experiência da finitude e da fragilidade da vida. Se é verdade que a reflexão moral é um exercício de formação subjetiva tendo em vista a realização de um ideal, Freud nos traz uma colaboração importante ao mostrar que nossos comportamentos ideais são gerados por demandas de amor direcionadas a figuras fantasmáticas das quais esperamos reconhecimento e amparo. Para superar situações de insegurança existencial, faz-se necessário recorrer à produção de fantasias em que imagino que as submissões exigidas pela autoridade daqueles que me aparecem, dentro de processos de socialização e individuação, como ideais, assim como os princípios que eles enunciam para mim, são condições para alcançar uma forma de vida bem-sucedida. Podemos chamar isso de "fundamento fantasmático da autoridade".

É importante ainda lembrar que tal imaginação fantasmática não é simplesmente arbitrária. Ela é a maneira pela qual um largo conjunto de experiências e expectativas sociais de autorrealização é internalizado por mim. Nenhuma fantasia é completamente individual, todas as fantasias são sociais, ou seja, todas elas são sedimentações de experiências de outros que me antecederam e que deixaram marcas no interior da cultura. Ao mobilizar tais fantasias, mobilizo a memória daquilo que poderíamos chamar, aproveitando-se de uma bela ideia do filósofo Alexandre Kojève, de "história dos desejos desejados". Rememoro os desejos desejados que procuraram realizar uma forma de vida bem-sucedida. Através das fantasias, desejo o desejo de outros que me antecederam e nos quais, de certa forma, confio.

3.2. As duas portas da Lei

Se aceitarmos tal consequência da gênese do respeito pela Lei moral, a distinção entre desejos patológicos e vontade livre, base para a noção moderna de dever, pode começar a ser desmontada. Algumas consequências interessantes são derivadas daqui. Pois normalmente aceitamos existir diferenças entre "seguir uma norma que aceito como racional", fruto da vontade livre, e "assumir uma fantasia que me leva a agir de determinada maneira", algo ligado à procura de satisfação de meus desejos. Tal diferença seria, no fundo, a diferença entre um comportamento racional e um comportamento determinado por crenças e desejos. Ela me permitiria distinguir, por exemplo, entre a necessidade de afirmar que nossas condutas morais devem ser universais (já que elas são resultados de regras que devem ter a determinação formal da incondicionalidade e da universalidade) e de que nossas condutas morais devem ser feitas tendo em vista, digamos, a revolução proletária final, que seria, uma fantasia que se alimenta, se assim quisermos dizer, de um *páthos*, aquele que um dia Alain Badiou (1937-) chamou de "paixão pelo real".

Talvez devamos afirmar, porém, não existir distinção estrutural entre normas e fantasias. Não apenas porque fantasias também são modos de se orientar na conduta a partir de determinações de expectativas de regularidades, mas porque não há norma social que não tenha alguma força de lei, e essa força nos leva necessariamente em direção ao núcleo fantasmático de toda autoridade. Não há nenhuma aquiescência à norma sem a necessidade de um complemento fantasmático.

Isso traz uma consequência importante que talvez nos explique por que alguns fazem tanta questão de sustentar distinções estritas entre crença e razão, entre desejo e vontade, em vez de admitir que é racional ter crenças, na medida em que é racional procurar orientar o comportamento tendo em vista a realização de formas de vida que aparecem para mim como potencialmente bem-sucedidas.

Na verdade, seremos obrigados a assumir que é racional compreender que o fundamento de meus modelos de julgamento tem a fragilidade das fantasias e que, por isso, devem estar submetidos a uma análise de consequências que só se revela *a posteriori*. Assim, deveremos admitir também que, em certas circunstâncias, é racional desconfiar do que aparece como meu dever. Se há uma fantasia servindo de fundamento para o dever, então devo lembrar que fantasias podem desempenhar funções contraditórias.

Por um lado, a fantasia é setor de uma espécie de memória social dos desejos que me precederam, mas me constituíram. Como setor da memória social, fantasias permitem certa orientação na ação a partir do peso de experiências passadas. Por outro, ela tem como função principal defender o sujeito contra uma posição de desamparo. Através das fantasias, procuro determinar o desejo daqueles que tomo por ideais, ou seja, procuro responder à questão sobre como devo ser para ser digno do amor de quem procuro amparo. Aqueles que, por questões patológicas, têm a atividade de produção de fantasias bloqueada (ver, por exemplo, um clássico caso da psicanalista Melanie Klein (1882-1960), o caso do pequeno Dick), vivem em estado de profundo desamparo.

O sujeito descobrirá, entretanto, que nem sempre fantasias são capazes de ampará-lo em suas questões afetivas e existenciais. Diante de tal realidade, uma das saídas possíveis e bastante corriqueiras será negar desesperadamente a percepção da fragilidade da fantasia, elevando a autoridade da Lei a um ponto inalcançável; sustentar a fantasia, protegendo-a de toda a qualquer prova de realidade.

Assim, tudo o que o sujeito fizer será inadequado diante do dever, pois tudo será feito para, no fundo, perpetuar tal inadequação e gerar um forte sentimento de fraqueza e impotência. A possibilidade da Lei moral conservar sua autoridade passará então pelo velamento de sua impossibilidade de dar conta do desamparo. E a maneira mais eficaz para tal será impondo obrigações contraditórias ou superlativas, que nunca poderão ser realizadas pelo sujeito. Dessa forma, a ineficácia da Lei é invertida para ser vivenciada como impotência do próprio sujeito em se adaptar às exigências morais. Minha inadequação diante da Lei será perpetuada. Como dizia Franz Kafka (1883-1924), morrerei diante da porta da Lei. Maneira de mostrar como estamos dispostos a tudo, mesmo a nos autodestruir, para defender a crença de que há um amor que pode nos livrar da insegurança. Um amor com força para fundar minhas ações no domínio de uma segurança ontológica. De fato, estamos dispostos até a esconder a impotência do

Outro que nos promete tal amor. Principalmente se estivermos diante de um amor da Lei.

Nesses casos em que um princípio de conduta se transforma em pura lógica do autossacrifício, ou mesmo em sacrifício dos que estão à minha volta, é possível que a única coisa sensata a fazer seja simplesmente esquecer o dever. As discussões sobre filosofia moral querem dar a impressão de sempre podermos confiar na repetição regular de normatividades que gerariam os mesmos procedimentos de ação, pois eles sempre produziriam o fortalecimento de minha dignidade de sujeito, e nunca minha desagregação. No entanto, como dizia (mais uma vez) Franz Kafka, agora em *Na colônia penal*, há momentos em que amar a Lei é apenas uma forma de se oferecer a uma máquina de tortura cada vez mais sádica.

Esse efeito da consciência do dever não é uma distorção externa de sua função natural. Ele é um risco interno vinculado à sua própria constituição, ele é seu ponto de fragilidade. Descartar tais fenômenos como se fossem distorções patológicas seria muito mais fácil e reconfortante. No entanto, seria falso e pouco condizente com a experiência que temos. Ao menos a respeito desse problema, a filosofia moral poderia aprender algo com escritores e psicanalistas. Ela poderia aprender que a melhor maneira de pensar um problema é encarar sua real complexidade. De toda forma, nunca foi função da Filosofia oferecer conforto.

4. Uma conclusão em suspenso

Vimos certas dificuldades que assombram uma moralidade centrada na noção de dever. No entanto, nenhum modelo alternativo apareceu até agora. Aqueles que se credenciam para tanto, como a recuperação da ética das virtudes ou a defesa da existência de instituições racionais capazes de fornecer normatividades de forte conteúdo moral, também foram criticados. Mesmo assim, no interior de nosso trajeto, algumas tarefas para a filosofia moral foram sugeridas.

Primeiro, se é verdade que a vontade autônoma sustenta-se em uma clivagem subjetiva entre desejo e vontade, e se é verdade que tal clivagem é ilusória, então devemos ser capazes de superar a ideia, fortemente impregnada de resquícios teológicos, de que os afetos, impulsos e emoções são o que há de heterônomo em nós; como se eles fossem a dimensão do irracional e meramente irreflexivo. Ao contrário, há uma racionalidade dos impulsos que devemos ser capazes de compreender. Por isso, uma análise do dever precisa levar em conta a dimensão psicológica dos sujeitos agentes.

Se aceitarmos que a formação em direção à moralidade é também descrição de um processo psicológico de maturação, então deveremos aceitar que o dever é, principalmente, expressão de um ideal psicológico de conduta e valoração. O vínculo ao dever é expressão de um desejo que nos sustenta na relação a um Ideal do Eu. Por isso, é incorreta a ideia de que o dever se contrapõe ao desejo, como uma obrigação que se contrapõe aos impulsos. O dever é uma figura do desejo, da mesma maneira que a obrigação é uma forma de amor. Toda a mobilização psicológica de expectativas de gratificação, reparações, medos e dissociações identitárias habitam nossos vínculos ao dever.

Tal ideia pode nos levar a uma outra noção de autonomia. Não mais a autonomia como *possibilidade de agir de outra forma diferente da que se age*, apoiando-se para isso em um Lei moral que funda minha experiência da liberdade. Mas a autonomia como *capacidade de desejar o que se quer*, ou seja, de exprimir na ação a unidade reflexiva de dois momentos: a enunciação consciente da vontade (que leva em conta as exigências morais ligadas à realização de formas intersubjetivas de vida conscientemente assumidas e partilhadas) e o impulso do desejo. Unidade reflexiva entre o desejo que tenho e meu desejo de ter tal desejo. Mas para que isso seja possível, devemos abandonar a ideia de que o desejo é a dimensão irredutível da heteronomia.

Segundo, precisamos nos livrar de vez da prática que vincula as reflexões sobre a moralidade à definição de regras práticas de conduta. Por mais que Kant coloque tal liberação em seu horizonte, ela parece sempre voltar pelas portas dos fundos. Levar ao extremo essa exigência de liberação significa quebrar a ilusão de que a filosofia moral é o domínio de alguma segurança ontológica possível. O dever é a primeira estratégia da razão prática na crítica dos limites de nossas formas atuais de vida. Ele é resultado da consciência da falibilidade moral de nossas regras sociais e de nossas injunções individuais de interesse. Mas há uma ultrapassagem indevida quando vamos de tal consciência à crença de que podemos fornecer um modelo de normatividade que imediatamente se traduz em sistema de avaliação de regras práticas.

Insistir no caráter indevido de tal ultrapassagem tem várias funções. Uma delas, e não a menos importante (embora já estejamos longe das discussões com Kant), é nos livrar dessa degradação da reflexão moral que aparece nos bisonhos exercícios de "paradoxos morais de laboratório" que infestam certos livros de "Filosofia". Trata-se de pequenos paradoxos do tipo: "podemos torturar alguém cuja confissão nos permitirá desativar uma bomba que matará dezenas de inocentes?". Do ponto de vista da filosofia moral, não há exercício mais pueril do que procurar responder tais inventivas. Pois elas pressupõem condições de laboratório, como: "sei que o sujeito torturado sabe algo sobre a bomba", "sei que não há hipótese alguma de ter pego a pessoa errada", "sei que ele falará antes de morrer", "sei que a razão de sua ação é injustificável". Como ninguém mora em um laboratório, mas depende o mais das vezes da sabedoria da polícia ou dessa "Inteligência militar" na qual Groucho Marx (pseudônimo de Julius Henry Marx, 1890-1977) viu a expressão mais bem-acabada de uma contradição em termos, tais condições nunca são completamente asseguradas.

Paradoxos dessa natureza visam, na verdade, fracionar a ação a fim de retirá-la de todo contexto possível. Pois, quem tortura? De quem estamos falando? De um carrasco a serviço do Estado nazista, como Sérgio Fleury (delegado da ditadura militar brasileira, 1933-1979), de um Estado que reduz os que resistem a seu império à condição de terroristas ou de um pai desesperado que acredita que sua filha será morta? Pois, se o torturador for um agente do Estado (como, vejam que engraçado, normalmente é o caso), não seria o caso de se perguntar: "um Estado que recorre sistematicamente à tortura merece ser salvo? No que ele se transforma? Ele merece ser justificado diante de situações que, muitas vezes, ele próprio ajudou a criar?". A enunciação do paradoxo não seria uma estratégia insidiosa, politicamente deplorável, para não começarmos por perguntar como chegamos a essa situação? Quem coloca o paradoxo já não tem normalmente em mente a tentativa de justificar ações de governos cujas reais motivações são impublicáveis? Ou seja, longe de ser neutra, essa é uma enunciação profundamente interessada. Ninguém coloca uma questão dessas de maneira inocente, como ninguém pergunta inocentemente se negros são realmente tão inteligentes quanto brancos ou se o Holocausto realmente existiu na dimensão normalmente descrita. Perguntar as reais motivações do enunciador é uma boa maneira de começar a desmontar o paradoxo.

Tudo isso demonstra como a única resposta possível é: paradoxos morais postos dessa forma são desprovidos de sentido e vazios. Julgamentos morais são *julgamentos em situação* e o conjunto de variáveis presentes em uma situação é suficientemente complexo para acreditarmos poder reduzi-lo a uma regra genérica de conduta.

Como devemos então agir e nos orientar na ação, se aceitarmos os impasses aqui apresentados sobre o conceito de dever? Como devemos avaliar situações adequadamente? Talvez seja o caso de lembrar que, muitas vezes, filósofos respondem de maneira inadequadamente rápida a tal questão. Esquecemos que há um importante trabalho que consiste em deixar a pressão da questão aumentar. Desde há muito, alguns dos momentos mais importantes da Filosofia foram constituídos através da coragem de deixar os impasses parecerem insuperáveis. Pois essa era, muitas vezes, a única estratégia realmente eficaz para forçar o aparecimento de novas formas de pensar. Lá onde alguns veem apenas o niilismo, outros são capazes de enxergar o embrião de um movimento renovado. Talvez esta seja uma bela lição de Hegel: quem não entra no caminho do desespero encontrará apenas respostas velhas para os problemas de sempre. Melhor seria se ficasse longe da Filosofia.

Sendo assim, se fosse o caso de deixar ao menos uma frase como ponto de partida para toda e qualquer reflexão sobre filosofia moral, ela seria: *o tempo da contradição é a fornalha que produz os verdadeiros acontecimentos*. As verdadeiras experiências do pensamento sempre foram estradas construídas perto demais de um abismo. Vai da astúcia de cada um saber não olhar para baixo.

OUVINDO OS TEXTOS

Texto 1. Sófocles (497/6-406/5 a.C.), *Uma lei que me confronta com o impossível*

> Antígona: Não mais te exortarei e, mesmo que depois/ quisesses me ajudar, não me satisfarias,/ Procede como te aprouver; de qualquer modo/ hei de enterrá-lo e será belo para mim/ morrer cumprindo esse dever: repousa-rei/ ao lado dele, amada por quem tanto amei/ e santo é o meu delito, pois terei de amar/ aos mortos muito, muito tempo mais que aos vivos./ Eu jazerei eterna-mente sob a terra/ e tu, se queres, foge à lei mais cara aos deuses.
>
> Ismênia: Não fujo a ela; sou assim por natureza/ não quero opor-me a todos os concidadãos
> (...)
> Antígona: Mas dou satisfação àqueles que, bem sei,/ tenho o dever de, mais que a todos, agradar.

Ismênia: Se houvesse meios... Mas desejas o impossível.
Antígona: Quando sentir faltar-me forças, pararei.
Ismênia: Mas o impossível não se deve nem tentar.

SÓFOCLES. "Antígona". In: *Trilogia tebana*. Trad. Mário da Gama Kury. Rio de Janeiro: Jorge Zahar, 2004, pp. 204-5.

Texto 2. Franz Kafka (1883-1924), *A lei e suas portas*

Diante da lei está um porteiro. Um homem do campo dirige-se a este porteiro e pede para entrar na lei. Mas o porteiro diz que agora não pode permitir-lhe a entrada. O homem do campo reflete e depois pergunta se então não pode entrar mais tarde. "É possível", diz o porteiro, "mas agora não".
Uma vez que a porta da lei continua como sempre aberta, e o porteiro se põe de lado, o homem se inclina para olhar o interior através da porta. Quando nota isso, o porteiro ri e diz: "Se o atrai tanto, tente entrar apesar da minha proibição. Mas veja bem: eu sou poderoso. E sou apenas o último dos porteiros. De sala para sala, porém, existem porteiros cada um mais po-

deroso que o outro. Nem mesmo eu posso suportar a visão do terceiro" (...)

O porteiro lhe dá um banquinho e deixa-o sentar-se ao lado da porta. Ali fica sentado dias e anos. Ele faz muitas tentativas para ser admitido, e cansa o porteiro com os seus pedidos (...) Finalmente, sua vista enfraquece e ele não sabe se de fato está escurecendo em volta ou se apenas os olhos o enganam.

Contudo, agora reconhece no escuro um brilho que irrompe inextinguível da porta da lei. Mas já não tem mais muito tempo de vida. Antes de morrer, todas as experiências daquele tempo convergem na sua cabeça para uma pergunta que até então não havia feito ao porteiro. Faz-lhe um aceno para que se aproxime, pois não pode mais endireitar o corpo enrijecido. O porteiro precisa curvar-se profundamente até ele, já que a diferença de altura mudou muito em detrimento do homem. "O que é que você ainda quer saber?", pergunta o porteiro. "Você é insaciável."

"Todos aspiram a lei", diz o homem. "Como se explica que, em tantos anos, ninguém além de mim pediu para entrar?" O porteiro percebe que o homem já está no fim, e para ainda alcançar sua audição em declínio, ele berra: "Aqui ninguém mais podia ser admitido, pois esta entrada estava destinada só a você. Agora eu vou embora e fecho-a".

> KAFKA, F. *O processo*. Trad. Modesto Carone. São Paulo: Companhia das Letras, 2006, pp. 214-5.

Texto 3. Immanuel Kant (1724-1804), *O tribunal*

Todo ser humano tem uma consciência e se vê observado, ameaçado e, em geral, conservado no assombro (respeito associado ao medo) por um juiz interno e esta força, que lhe vigia através de leis não é algo que ele próprio (voluntariamente) *produz*, mas algo inerente a sua essência. Acompanha-o como sua sombra quando ele planeja escapar. Ele pode, realmente, atordoar-se por força de prazeres e distrações ou adormecer, mas não consegue evitar voltar a si ou despertar de tempos em tempos; desde que ouve aquela voz terrível. Ele pode, no máximo, na extrema abjeção, conseguir não dar mais atenção a ela, mas não pode ainda deixar de ouvi-la. Ora, essa disposição originária, intelectual (uma vez que é a representação do dever) e moral, chamada *consciência* tem a peculiaridade, embora se trate de uma relação do ser humano consigo mesmo, de forçar o homem a agir, pela sua razão, como sob a intimação de *uma outra pessoa*. Pois a ação aqui é a condução de um *processo* (causa) ao tribunal.

> KANT, I. *Metafísica dos costumes*. Trad. Edson Bini. São Paulo: Edipro, 2008, § 13. Tradução modificada por Vladimir Safatle.

Texto 4. Sigmund Freud (1856-1939), *A gênese dos sentimentos morais*

Não é difícil mostrar que o ideal do Eu satisfaz tudo o que se espera de algo elevado no ser humano. Como formação substitutiva do anseio pelo pai, contém o gérmen a partir do qual se formaram todas as religiões. O juízo acerca da própria insuficiência, ao comparar o Eu com seu ideal, produz o sentimento religioso de humildade que o crente invoca ansiosamente. No curso posterior do desenvolvimento, professores e autoridades levam adiante o papel do pai; suas injunções e proibições continuam poderosas no ideal do Eu, e agora exercem a censura moral como *consciência*. A tensão entre as expectativas da consciência e as realizações do Eu é percebida como *sentimento de culpa*. Os sentimentos sociais repousam em identificações com outras pessoas, com base no mesmo ideal do Eu. Religião, moral e sentimento social – os conteúdos principais do que é elevado no ser humano – foram originariamente uma coisa só.

> FREUD, S. *O Eu e o Id*. Trad. Paulo César de Souza. São Paulo: Companhia das Letras, 2011, p. 46.

Texto 5. Friedrich Nietzsche (1844-1900), *A beleza do dever*

No fundo é a mesma força ativa, que age grandiosamente naqueles organizadores e artistas da violência e constrói Estados, que aqui, interiormente, em escala menor e mais mesquinha, dirigida para trás, no "labirinto do peito", como diz Goethe, cria a má consciência e constrói ideais negativos, é aquele mesmo *instinto de liberdade* (na minha linguagem, a vontade de poder): somente que a matéria na qual se extravasa a natureza conformadora e violentadora dessa força é aqui o homem mesmo, o seu velho Eu animal – e *não*, como naquele fenômeno maior e mais evidente, o outro homem, *outros homens*. Essa oculta violentação de si mesmo, essa crueldade de artista, esse deleite em dar uma forma, como a uma matéria difícil, recalcitrante, sofrente, em se impor a ferro e fogo uma vontade, uma crítica, uma contradição, um desprezo, um Não, esse inquietante e horrendamente prazeroso trabalho de uma alma voluntariamente cindida, que a si mesma faz sofrer, essa "má consciência" *ativa* também fez afinal – já se percebe –, como verdadeiro ventre de acontecimentos ideais e imaginosos, vir à luz uma profusão de beleza e afirmação nova e surpreendente, e talvez mesmo a própria beleza.

NIETZSCHE, F. *Genealogia da moral*: uma polêmica. Trad. Paulo César de Souza. São Paulo: Companhia das Letras, 2006, II, § 18.

Texto 6. Jeremy Bentham (1859-1941), *A utilidade da moral*

A natureza colocou a humanidade sob o governo de dois mestres soberanos, a *dor* e o *prazer*. Apenas eles podem definir o que somos obrigados a fazer, assim como aquilo que devemos fazer. Tanto os padrões do certo e do errado quanto a cadeia das causas e efeitos estão presos ao seu trono. Eles nos governam em tudo o que fazemos, em tudo o que dizemos: todo esforço feito para nos liberar de sua sujeição servirá apenas para demonstrá-la e confirmá-la. Através de palavras, um homem pode pretender abjurar seu império, mas ele continuará, na realidade, sujeito a tal império durante todo o tempo. O *princípio de utilidade* reconhece tal sujeição e a assume para a fundação desse sistema que permite criar o tecido da felicidade pelas mãos da razão e da lei. Sistemas que procuram questioná-lo encontram caprichos ao invés da razão, encontram a escuridão ao invés da luz.

BENTHAM, J. "An Introduction to the Principles of Morals and Legislation". In: *Selected Writings on Utilitarianism*. Londres: Wordsworth, 2000, p. 87. Trecho traduzido por Vladimir Safatle.

Texto 7. Hannah Arendt (1906-1975), *Amar a lei como patologia*

Segundo a medida de seu próprio julgamento, Eichmann, em tudo o que fazia, agia como cidadão que respeita a Lei. Ele cumpria seu *dever*, como repetiu tantas vezes à polícia e ao tribunal. Obedecia às *ordens*, mas também à *Lei*. Eichmann intuía vagamente que era possível fazer uma distinção a esse respeito, mas nem os juízes nem a defesa pediram que ele se demorasse no assunto. Jogou-se por muito tempo com as noções de "ordens superiores" e "atos de Estado". Em Nuremberg essas noções já tinham dominado as discussões, dando a ilusão de que o que não tem precedentes pode ser julgado em função de precedentes e critérios já estabelecidos. Eichman, um intelectual de modesta envergadura, era incapaz de contestar essas noções e de, por força própria, elaborar outras com base nelas. Ele havia cumprido o que considerava seu dever de cidadão que respeita a Lei. Fazendo questão de ser "coberto", agira sob ordens. No fim das contas, suas ideias obscureciam-se na confusão total. Ele terminava insistindo alternativamente nas vantagens e inconvenientes da obediência cega, a obediência de cadáver, como ele mesmo dizia. (...) Eichmann declarou de repente que ele havia vivido toda sua vida em conformidade com os preceitos morais de Kant, sobretudo a definição kantiana de dever. À primeira vista, isso era uma ofensa a Kant; era também incompreensível, pois a filosofia moral de Kant liga-se estreitamente à faculdade humana de julgar e exclui qualquer obediência cega. O policial não insistiu, mas o juiz Raveh, intrigado e indignado por Eichmann ter evocado o nome de Kant em ligação com seus crimes, decidiu interrogar o acusado. Foi então que, para estupefação geral, Eichmann deu uma definição aproximada, porém correta, do imperativo categórico: "Gostaria de dizer, a respeito de Kant, que o princípio da minha vontade deve sempre ser tal que possa tornar-se princípio de leis gerais".

ARENDT, H. *Eichmann in Jerusalem. Ein Bericht von der Banalität des Bösen.* Munique: Piper, 1964. Capítulo 8. Trecho traduzido por Juvenal Savian Filho.

EXERCITANDO A REFLEXÃO

Questões para você compreender melhor o tema e refletir sobre ele:

1. O que muda da primeira ocorrência da noção de autonomia (*Antígona*, de Sófocles) à formação do conceito moderno de autonomia? Procure refletir sobre o impacto da noção de individualidade no interior da reflexão ética.
2. Quais as principais características formais do conceito kantiano de dever?
3. Como e por que Kant procura diferenciar duas fontes de motivação subjetiva para a ação, os desejos e a vontade? O que significa desejo "patológico" e vontade "pura"? Cite algumas consequências de tal divisão.
4. É possível estabelecer alguma forma de relação entre autonomia moral, autonomia estética e autonomia política?

5. Comente algumas estratégias próprias à crítica ao formalismo moral.

6. A seu ver, é possível universalizar o egoísmo como motivação consciente para a ação? Tente imaginar contra-argumentos.

7. Este livro apresentou um modelo de gênese empírica de julgamentos morais (vindo de Freud). Procure outros modelos (como os fornecidos por Jean Piaget e Lawrence Kohlberg) e confronte-os. Em seguida, sirva-se do Texto 6 e reflita sobre as diferenças de explicação da origem da moral.

8. Vimos como a noção moderna de dever, seu critério de universalidade, nasce da tentativa de impedir que os critérios de julgamento sejam dependentes de regras comunitárias locais. Mas vimos também como a crítica do formalismo discute a "insensibilidade à particularidade de contextos de ação" própria à noção kantiana de dever. Como você compreende essa tensão entre universalidade e a noção de contexto de ação?

DICAS DE VIAGEM

1. Aqueles que quiserem ver como problemas ligados ao dever aparecem em outros setores da cultura, para além da Filosofia, podem ser reportar ao cinema. No primeiro caso, nunca seria demais recomendar a filmografia de Lars von Trier, talvez o melhor cineasta contemporâneo na exploração de impasses morais. Filmes como *Ondas do destino* (*Breaking the Waves*, 1996), *Dogville* (2003) e *Manderlay* (2004) são grandes exemplos nesse sentido. Tomo a liberdade de remeter aqui a um texto que escrevi sobre o cineasta ("A ética do sacrifício de Gibson e Von Trier", em: http://p.php.uol.com.br/tropico/html/textos/2358,1.shl). Outros filmes a assistir:

    1.1. *Na neblina* (*V Tumane*), direção de Sergei Loznitsa, Bielorrússia, 2012.

    1.2. *A última tentação de Cristo* (*The Last Temptation of Christ*), direção de Martin Scorsese, EUA, 1988.

2. Na literatura, referência central para o tema do dever é Franz Kafka (com o livro *O processo*, por exemplo, ou contos como "Na colônia penal"). Enriquece muito a leitura de Kafka o texto de Deleuze e Guattari: DELEUZE, Gilles & GUATTARI, Félix. *Kafka: por uma literatura menor*. Trad. Jaime Salomão. Rio de Janeiro: Imago, 1977. Para aqueles que leem em francês, um contraponto interessante é dado pelo texto de Jacques Derrida: DERRIDA, Jacques. "Préjugés: devant la loi". In: *La faculté de juger*. Paris: Minuit, 1985.

3. No teatro, há ainda a grande discussão sobre o dever que perpassa a peça de Bertolt Brecht: BRECHT, Bertolt. "A decisão". Trad. Ingrid Dormien Koudela. In: *Teatro completo*. São Paulo: Paz e Terra, 1988, vol. 3. Veja também a "resposta" de Heiner Muller: MULLER, Heiner. "Mauser". Trad. Reinaldo Mestrinel. In: *Quatro textos para teatro*. São Paulo: Hucitec, 1988.

LEITURAS RECOMENDADAS

Os dois principais livros fundadores da noção moderna de dever são *Crítica da razão prática* e *Metafísica dos costumes*, de Immanuel Kant. Dois bons comentários a respeito do problema da moralidade em Kant, ciosos da complexidade do texto kantiano, são: ROGOZINSKI, Jacob. *O dom da lei: Kant e o enigma da ética*. Trad. Sílvio Rosa Filho. São Paulo: Discurso, 2006; e GIACOIA, Oswaldo. *Nietzsche × Kant: uma disputa permanente a respeito da liberdade, autonomia e dever*. São Paulo: Casa da Palavra, 2012. Há uma vasta literatura sobre o tema, mas esses dois livros têm a peculiaridade de ampliar o leque dos problemas relativos à reflexão sobre a moralidade.

Dois livros importantes na configuração do debate contemporâneo sobre filosofia moral e de leitura imprescindível para aqueles que queiram compreender melhor o estado atual das discussões, são: MACINTYRE,

Alasdair. *Depois da virtude*, que já mencionamos neste livro; e o infelizmente não traduzido WILLIAMS, Bernard. *Ethics and the Limits of Philosophy*. Nova York: Routledge, 2010.

Da extensa bibliografia de filósofos que procuram modelos alternativos a uma moralidade centrada na noção de dever, vale a pena citar ao menos um da tradição alemã e outro de tradição francesa. No primeiro caso, uma boa introdução talvez seja: ADORNO, Theodor. *Probleme der Moralphilosophie, op. cit.* Há tradução em inglês. Um bom comentário sobre o problema da moralidade em Adorno pode ser encontrado em GARCIA, Douglas. *Dialética da vertigem: Adorno e a filosofia moral.* São Paulo: Escuta, 2005. Eu mesmo procurei fornecer uma interpretação de aspectos da filosofia moral adorniana no último capítulo de SAFATLE, Vladimir. *Grande Hotel Abismo: por uma reconstrução da teoria do reconhecimento.* São Paulo: WMF Martins Fontes, 2012.

Na tradição francesa, outra boa introdução é o pequeno livro BADIOU, Alain. *Ética: um ensaio sobre a consciência do mal.* Trad. Antonio Trânsito e Ari Roitman. Rio de Janeiro: Relumé Dumará, 1995. Trata-se de um bom exemplo do resultado de uma perspectiva francesa bastante marcada, nos debates morais, por Nietzsche, Lacan e certo tipo de marxismo.

Por fim, os livros dedicados às discussões psicanalíticas sobre ética são muitos, mas o leitor deve começar indo diretamente às fontes, a saber, FREUD, Sigmund. *O Eu e o Id*. Trad. Paulo César de Souza. São Paulo: Companhia das Letras, 2011; e, principalmente, a última parte de LACAN, Jacques. *Seminário VII: A ética em psicanálise*. Trad. Antonio Quinet. Rio de Janeiro: Jorge Zahar, 1994.

IMPRESSÃO E ACABAMENTO

YANGRAF

GRÁFICA E EDITORA LTDA.
WWW.YANGRAF.COM.BR
(11) 2095-7722